AF317467

TURENNE

RAOUL POSTEL

TURENNE

PARIS

LIBRAIRIE GÉNÉRALE DE VULGARISATION

Alfred DEGORCE

5, RUE DE LILLE, 5

TURENNE

Fac-simile d'une gravure de MDCCXLI

TURENNE

I

Jeunesse de Turenne. — Ses débuts en Hollande. — Richelieu lui donne un régiment, puis le nomme maréchal de camp. — Campagnes de Flandre et d'Alsace.

La première moitié du règne de Louis XIV a jeté sur la France un incomparable éclat. Si l'on ne se préoccupe que du retentissement de ses victoires et de ses conquêtes et qu'on oublie momentanément l'état de gêne qui en résulta pour nos finances, notre commerce et notre industrie, ainsi que l'état de misère excessive où cette prolongation démesurée d'exploits belliqueux plongea le pays tout entier, il est difficile, en effet, de ne pas reconnaître qu'en aucun temps peut-être, depuis le grand empereur Charlemagne, la Monarchie Française ne reçut autant d'honneur extérieur et ne fut aussi prépondérante sur les destinées de l'Europe. Un prince doit briller forcément au premier rang quand il a la bonne fortune de pouvoir grouper autour de lui des généraux comme Berwick, Belléfonds, Belle-Isle, Condé, Catinat, Fabert, Gassion, Luxembourg, Schomberg, Turenne, Vauban, Villars, Vendôme, des marins comme Jean Bart, Duguay-Trouin, d'Estrées, Du

...esme, Tourville, sans compter une pléiade d'écrivains de talent et de génie pour célébrer tant de gloire et de succès.

Parmi ces illustres hommes de guerre, il nous a paru que le maréchal de Turenne méritait l'honneur d'une étude particulière. Sa haute intelligence, son désintéressement, sa générosité, son humanité pour les officiers et les soldats qui servaient sous ses ordres, son esprit d'équité, son renom de bonne foi, son intégrité, sa modération dans la victoire, sa bonté pour ses inférieurs, sa modestie, tant de qualités en font une sorte de modèle à une époque où l'on ne se piquait guère d'autant de vertus. Ses défauts et ses erreurs furent ceux de son temps, et il les racheta, d'ailleurs, par sa grandeur d'âme et son héroïsme. Ses contemporains, les meilleurs juges en pareil cas, le tinrent toujours en véritable admiration. « Il n'y a rien dans ces derniers siècles, écrit l'un d'eux (1), qui puisse nous fournir une idée juste de la simplicité qui était le véritable fond de son caractère : il faut remonter, pour cela, jusqu'au premier âge de la République Romaine; et c'est là où, dans les sentiments d'un petit nombre de capitaines, également grands et modestes, nous trouverons des traits par le moyen desquels nous pouvons nous former quelque image de ce caractère simple qui a porté à un si haut point de grandeur le vicomte de Turenne. Cette réputation générale qu'il s'est acquise, il ne la doit à rien de ce qui éblouit la plupart des hommes. Il n'avait ni l'air imposant, ni même l'extérieur prévenant; mais une aimable simplicité accompagnait toutes ses paroles et ses actions : vertu rare dans une aussi grande élévation où il était et qui, jointe à ce génie éminent qu'il avait pour la guerre, le fit adorer de tout le monde, ainsi qu'on le verra dans la suite de son histoire. » Constatons toutefois, dès à présent, qu'il

(1) Raguenet, *Histoire du vicomte de Turenne*, Paris, 2 vol. in-18, 1741. — Nous avons emprunté à cet excellent ouvrage un grand nombre des détails de notre biographie. Nous le déclarons ici pour ne plus y revenir.

dut assurément l'assemblage de si rares mérites à son éducation première; car, malgré le privilège de sa naissance presque royale, il débuta comme simple soldat au service de la Hollande, puis comme officier subalterne, ce qui lui permit de connaître par lui-même les moindres détails du métier militaire, avant que le cardinal de Richelieu, désireux d'assurer à la France un homme dont il devinait déjà la valeur, le gratifiât d'un régiment.

Henri de la Tour d'Auvergne, vicomte de Turenne, naquit à Sedan le 11 septembre 1611. Il était le second fils de Henri de la Tour d'Auvergne, duc de Bouillon, prince souverain de Sedan, et d'Élisabeth de Nassau, fille de Guillaume Ier de Nassau, prince d'Orange. Ainsi, du côté paternel, il tirait son origine des anciens comtes d'Auvergne, dont la maison, par ses alliances, tenait à ce qu'il y avait de plus grand en Europe pour la naissance; et, du côté maternel, il descendait de cette fameuse maison de Nassau qui a donné un empereur à l'Allemagne, plusieurs capitaines généraux à la République de Hollande, et un roi à l'Angleterre. On voit combien les écrivains de son époque ont eu raison de lui faire honneur de sa simplicité et de sa modestie. Ajoutons que, né et élevé dans le Calvinisme, sa religion constituait pour lui un obstacle avec lequel il fallait, alors, sérieusement compter.

Sitôt qu'il fut en âge d'avoir des maîtres, le duc de Bouillon, son père, mit auprès de lui des gens capables de lui donner une éducation digne de sa naissance et des grandes vues que sa famille avait sur lui. Il paraît que, dès ces premières années, il fit voir une maturité si fort au-dessus de son âge, un si grand empire sur lui-même, une disposition d'esprit si préparée à embrasser tout ce qu'on lui proposait de raisonnable, qu'on jugea dès lors que cet enfant devait plus tard donner au monde de grands exemples. Quoi qu'il en soit, le temps de son éducation domestique étant fini, et le duc de Bouillon étant venu à mourir (1625), la duchesse, chargée de la conduite de ses enfants, envoya le vicomte de Turenne en Hollande pour y apprendre le métier des armes sous le prince Maurice de Nassau, son frère, lequel passait à juste titre pour l'un des grands capitaines de son siècle.

Dès que le jeune Turenne fut arrivé en Hollande, le prince son oncle voulut connaître son caractère. « Il l'entretint longtemps pour cela, raconte son biographe, sur toutes les choses qui pouvaient le lui faire connaître à fond. Le vicomte de Turenne avait naturellement je ne sais quel embarras dans la langue qui faisait que, lorsqu'il voulait parler, il demeurait quelquefois un petit instant sur la première syllabe de certains mots avant que de les achever ; mais tout ce qu'il disait était si sensé et si juste que cette petite difficulté qu'il avait à s'énoncer n'empêcha point que le prince Maurice ne conçût de lui une idée très avantageuse. Il lui fit aussitôt prendre un mousquet, et voulut qu'il servît comme un simple soldat avant que de l'élever à aucun grade ». Turenne, « qui ne respirait que les fonctions du métier, » n'en refusa et n'en dédaigna aucune ; il ne trouva rien de bas pour lui, ni de trop pénible. Le capitaine sous les ordres duquel on le plaça était né vassal du duc de Bouillon, son père, ce qui n'empêcha point le jeune gentilhomme de lui obéir comme le moindre soldat de sa compagnie ; si l'on se reporte aux idées du temps, une pareille soumission était exceptionnellement méritoire. Il ne se plaignait ni des incommodités du climat, ni des intempéries des saisons ; enfin, il fit paraître dans tous les exercices tant de fermeté et de patience, une si grande application à son service, que Maurice de Nassau, charmé des heureuses dispositions qu'il lui trouvait pour sa carrière, se proposait de prendre soin de les cultiver lui-même et s'en faisait déjà un plaisir à l'avance quand, par malheur, la mort le frappa.

« Ainsi, on peut dire que le vicomte de Turenne s'est formé lui-même, n'ayant plus servi depuis sous aucun capitaine de qui on puisse avoir lieu de croire qu'il ait rien appris de tout ce qu'il a exécuté de grand dans l'Art militaire. » Il en fut de même pour son rival Condé, comme plus tard pour nos grands généraux de la Révolution, notamment Hoche et Bonaparte. Leur intuition fut leur génie.

Après la mort de Maurice de Nassau, les Hollandais remirent le gouvernement général de leurs armées à son frère Frédéric-Henri. L'un des premiers soins de ce prince fut de donner à Turenne une compagnie d'infanterie (1626), à la tête de laquelle il servit aux sièges de Groll et de Bois-le-Duc, y montrant qu'il n'était pas moins bon officier que bon soldat. On ne voyait point, dans toute l'armée, de compagnie plus belle ni mieux disciplinée que la sienne. Tout jeune qu'il était, il ne s'en reposait pas sur les soins de son lieutenant ; il faisait lui-même faire l'exercice aux soldats, les dressait avec patience, les formait avec bonté, les corrigeait à propos, et sa bourse leur était ouverte dans tous leurs besoins. Il allait toujours le premier à la tranchée et aux attaques. Son gouverneur (à cette époque, l'usage était que tous les jeunes officiers de marque en eussent un), qui était un homme de service, s'efforçait en vain d'empêcher qu'il ne s'exposât comme il faisait : hors de là, Turenne le respectait comme il eût respecté son père ; mais, quand il s'agissait de donner l'exemple à ceux qu'il commandait, il n'avait égard qu'à ce qu'exigeait son honneur. Le prince Frédéric-Henri, son oncle, crut même devoir lui reprocher, comme une ardeur immodérée, ce courage qui ne connaissait point de péril, afin de lui assurer quelques bornes : au fond, il avait grand' peine à dissimuler la joie qu'il ressentait d'être obligé à lui faire de tels reproches, au moment même où il les lui adressait ; si bien qu'un jour, après une de ces réprimandes officielles, il ne put s'empêcher de se tourner vers les autres officiers présents et de leur dire « qu'il se trompait fort, ou que ce jeune homme effacerait la gloire des plus grands capitaines ». Aussi n'y avait-il pas un seul des soldats de sa compagnie qui n'eût eu honte de ne pas le suivre aux endroits les plus dangereux, et de n'y pas faire paraître de la bravoure à son exemple. Les Français, qui étaient alors nombreux en Hollande, et qui tous avaient été

témoins de ses actions et de sa conduite, en avaient écrit
plusieurs fois à la cour de France : ils parlaient du jeune
Turenne comme d'un prodige de sagesse et de vaillance ;
de telle sorte qu'il était déjà connu et fort bien noté dans
son pays lorsque, peu après, les affaires de sa maison
l'obligèrent à s'y rendre.

Louis XIII, qui régnait alors, avait vite compris que le
cardinal de Richelieu possédait un génie supérieur, et,
persuadé qu'il était en même temps du zèle de cet illustre
homme d'État pour son service et de son attachement pour
sa personne et la gloire de sa nation, il l'avait fait son
premier ministre et lui avait remis l'administration générale de toutes les affaires. Le cardinal, se voyant maître
de disposer comme il voudrait de la puissance souveraine, résolut d'élever la France à un si haut point de
grandeur que son ministère devînt célèbre dans tous les
siècles à venir. Tant d'ambition était justifiée par son
réel patriotisme. Mais, pour atteindre ce but, il fallait
abaisser la maison d'Autriche, qui, possédant l'empire
d'Allemagne et la monarchie d'Espagne, se trouvait fort
au-dessus de toutes les autres maisons de l'Europe : c'est
aussi ce que Richelieu avait entrepris de faire. Toutefois,
comme l'autorité de Louis XIII n'était pas fort absolue
dans son propre royaume, le cardinal n'avait osé d'abord
faire déclarer ouvertement la France contre la maison
d'Autriche ; il s'était contenté d'assister, comme alliés,
les Suédois et les Hollandais, qui étaient en guerre avec
l'Empereur et avec le roi d'Espagne. En même temps, afin
de bientôt pouvoir tourner les forces entières de la
France contre les Impériaux et contre les Espagnols, il
appliquait tous ses soins à rendre le roi si bien maître
chez lui qu'il n'eût plus rien à craindre au dedans de son
royaume quand il porterait la guerre au dehors ; car la
puissance souveraine, partagée comme elle l'était alors,
se trouvait réduite à bien peu de chose. La reine-mère, le
duc d'Orléans, frère du roi, les Princes du sang et les
grands du royaume voulaient tous avoir part au gouver-

nement. Les Parlements prenaient connaissance des affaires d'État; les Calvinistes, conspirant avec les Anglais, avaient des chefs et des places de sûreté; les mécontents entretenaient des liaisons avec les ducs de Lorraine et de Bouillon, qui, par le moyen de Nancy et de Sedan, places si voisines de la France, leur fournissaient dans le besoin des retraites faciles et assurées. Avant donc de rien entreprendre contre les étrangers, Richelieu obligea la reine-mère à sortir du royaume, et les Princes du sang à se contenter de leur apanage; il fit décapiter quelques-uns des grands, et arrêta les autres par la crainte du même traitement; il réduisit les Parlements à ne plus se mêler d'autres affaires que de celles des particuliers; il enleva aux Calvinistes La Rochelle et leurs autres forteresses les plus considérables; il envoya une armée dans la Lorraine, pour se rendre maître des principales places de ce duché; enfin, il fit signer à la duchesse douairière de Bouillon un traité, par lequel elle promettait de demeurer toujours attachée aux intérêts du roi, qui, de son côté, s'engageait à prendre sa maison sous sa protection.

Telle était la situation des affaires de la France lorsque la duchesse de Bouillon, ayant appris que le cardinal de Richelieu, non content du traité qu'il lui avait fait signer, avait dessein de lui demander qu'elle reçût garnison française dans Sedan, jugea à propos d'envoyer le vicomte de Turenne en France afin qu'il y servît d'otage et de caution des engagements par elle contractés et qu'on ne lui fît pas de nouvelles propositions au préjudice de la souveraineté du duc de Bouillon, son fils aîné. Turenne s'étant donc rendu à la cour, le roi et le cardinal lui firent accueil avec tous les honneurs et toutes les caresses que lui devaient attirer sa naissance et son mérite personnel. On lui offrit et il accepta un régiment d'infanterie.

A ce moment, Richelieu venait d'envoyer l'ordre au maréchal de La Force d'assiéger la ville de La Mothe, la seule place considérable qui restât au duc de Lorraine. Le régiment de Turenne fut au nombre de ceux qu'on des-

tina à cette expédition (1634). La Mothe était une forteresse située sur le haut d'un rocher fort élevé, et d'une
dûreté à l'épreuve de la sape et de la mine. Lorsque le
maréchal eut avancé ses travaux de manière à pouvoir
attaquer un des bastions de la place, il y envoya le marquis de Tonneins, son fils, avec son régiment, qui y fut
tellement maltraité qu'il dut rompre et venir se renfermer
dans les lignes. Le lendemain, Turenne fut commandé
avec son régiment pour attaquer le même bastion. Chacun
avait les yeux tournés sur ce jeune colonel, et sa réputation naissante rendait toute l'armée attentive à son entreprise. Les assiégés faisaient non seulement un très grand
feu, mais ils transportaient encore sur leurs remparts des
pierres énormes, qu'ils jetaient de dessus le parapet ; et
ces pierres, venant à donner sur les pointes de la roche, en
tombant se fendaient en pièces et en éclats qui, volant de
part et d'autre, tuaient ou estropiaient partout les assiégeants. Malgré ces obstacles, Turenne s'avança avec le
plus grand sang-froid vers la brèche, et les soldats de son
régiment, fiers de l'avoir à leur tête, ne se laissèrent arrêter par aucun danger. Les assiégés, animés par l'avantage du jour précédent, tentèrent les plus extrêmes efforts
pour chasser Turenne, lequel faisait tout ensemble son
devoir de chef et de soldat, attaquant les ennemis avec
vigueur et donnant ses ordres avec une absolue présence
d'esprit au milieu des morts et des blessés que le canon, la
mousqueterie et les pierres semaient à ses côtés. Aussi,
malgré les efforts des Lorrains, qui se battirent en désespérés, il les chassa du bastion, y établit son logement et
fut cause en partie de la prise de la ville. Il en reçut des
compliments de toute l'armée, et ensuite de toute la cour
quand on y eut appris ce qu'il avait accompli pour la
prise de cette place : car le maréchal de La Force lui
rendit toute la justice qui lui était due dans la relation
qu'il envoya de ce siège au cardinal, générosité rare dans
ceux qui commandent les armées et qui toucha tellement
Turenne que, préférant l'alliance de ce maréchal à toute

autre, il épousa par la suite sa petite-fille. Il semble également que le marquis de Tonneins aurait dû être fort piqué d'avoir échoué là où le nouveau venu avait si heureusement réussi, et il l'eût peut-être été s'il avait eu affaire à un rival capable d'en tirer vanité; mais la modestie du jeune colonel était telle que M. de Tonneins ne put lui envier l'honneur d'un succès si glorieux.

A la suite de cet exploit, le cardinal de Richelieu, regardant Turenne comme un homme dont l'expérience et le jugement devançaient de beaucoup l'âge, le nomma maréchal de camp, quoiqu'il ne fût âgé que de vingt-trois ans et que ce grade fût alors le premier après celui de maréchal de France.

L'année suivante (1635), l'Empereur ayant fait assiéger la ville de Mayence, dont les Suédois s'étaient rendus maîtres en 1631 sous la conduite du grand Gustave, Richelieu envoya au secours des Suédois le cardinal de La Valette à la tête d'une armée, et il lui donna Turenne pour maréchal de camp. A l'approche des Français, les Impériaux levèrent le siège. La Valette s'approcha aussitôt de Mayence et y jeta toutes les munitions dont cette grande ville avait besoin, imprudence que l'ennemi avait bien prévu qu'il ne manquerait pas de commettre. Aussi ne se fut-il pas plus tôt défait de ses vivres que les généraux de l'Empereur, s'étant rendus maîtres des passages par où il en pouvait faire venir, empêchèrent de telle sorte qu'on en apportât dans son camp qu'on y manqua bientôt de toutes choses. Le pain y enchérissait de jour en jour et devint, enfin, si rare qu'il se vendait jusqu'à un écu la livre. Dans cette extrémité, Turenne distribua aux soldats les provisions qu'il avait fait apporter pour lui, et qui furent en peu de temps consommées. Il vendit ensuite ses équipages pour faire subsister une partie de l'armée, les soldats ennemis s'exposant à tout pour nous apporter des vivres, à cause du prix excessif qu'on les leur payait. Toutefois, la disette devint si grande que l'armée française eût péri si on l'avait laissée là plus longtemps. Il fallut donc que La Valette prît le parti de se retirer, quelque danger qu'il y eût à le faire devant une armée aussi nombreuse qu'était celle des Impériaux. Il se proposait de décamper la nuit et de se sauver dans les Trois-Évêchés par Saarbrük et Saint-Avaud, où il y avait beaucoup de vivres : mais les Impériaux, s'étant aperçus de sa retraite, mirent aussitôt à ses trousses le général Galas qui, avec un corps de troupes fraîches, lui coupa ce chemin facile et le réduisit à prendre celui des montagnes, bien plus long et entièrement désert. Les Français, sans vivres, travaillés par toutes les maladies qui sont inséparables de la famine, et s'enfuyant à travers les bois et les rochers, étaient poursuivis par l'ennemi qui avait tout en abondance. Les fuyards ne gardaient aucun ordre dans leur marche ; ceux qui pouvaient tromper la vigilance des officiers allaient se jeter parmi les Impériaux, dans l'espoir que ceux-ci leur donneraient de quoi assouvir la faim qui les dévorait : la plupart s'écartaient à droite et à gauche, pour tâcher de découvrir quelque cabane et d'y trouver au moins un morceau de pain. Ceux qui, épuisés de forces, ne pouvaient quitter le gros de l'armée se traînaient le long des chemins, plutôt qu'ils ne marchaient : ils dévoraient des yeux ce qu'ils voyaient manger aux officiers, et les officiers étaient contraints à se cacher d'eux. La Valette fut obligé d'abandonner toute l'artillerie et la plus grande partie des bagages afin de pouvoir gagner Vaudrevange, pour y passer la Saare et se mettre à couvert sous le canon de Metz, comme il fit. Durant cette longue marche, qui dura treize jours, Turenne partagea avec les soldats le peu de vivres qu'il pouvait trouver ; il ordonna de jeter de dessus les chariots les choses les moins nécessaires, afin qu'ils pussent porter quantité de malheureux qui n'avaient plus la force de marcher : en ayant trouvé un, que la faim et la fatigue avaient fait tomber au pied d'un arbre où, résolu d'abandonner sa vie à la merci des ennemis, il attendait la mort, il lui donna son propre cheval et marcha à pied jusqu'à ce qu'il eût rejoint un de ses chariots, sur lequel il le fit mettre. Il consolait les uns, encourageait les autres, les aidait et les assistait sans distinguer entre ceux de son régiment et ceux qui n'en étaient pas ; si bien que tous les soldats commencèrent dès lors à le regarder comme leur père, car il compatissait à leurs peines et les soulageait tous également. D'ailleurs, il combattit avec beaucoup de valeur dans tous les endroits où il fallut tenir tête aux Impériaux ; il se saisit des défilés où l'on pouvait les arrêter, et des hauteurs d'où ils nous auraient fort incommodés s'ils les avaient occupées avant nous ; il logea dans quelques masures, qui se trouvèrent sur le chemin, de l'infanterie dont le feu arrêta les ennemis dans plusieurs endroits ; enfin, il prit des mesures si sages et agit avec tant de vigueur que ce qu'il exécuta dans cette retraite fut regardé comme un des plus grands services qui pussent être rendus au pays.

Le mauvais succès de l'affaire de Mayence avait tellement dégoûté La Valette du métier de la guerre qu'il voulut s'en retirer. Mais Richelieu, qui avait ses raisons pour maintenir des ecclésiastiques à la tête des armées (1), l'obligea bientôt après de prendre le commandement de celle qui devait assiéger Saverne, ville d'Alsace alors occupée par les Impériaux. La Valette ne voulut pas, néanmoins, se charger de cette nouvelle besogne qu'il n'eût obtenu le concours de Turenne, ce que Richelieu lui

---

(1) Rien n'était plus commun alors que de voir des prêtres commander des armées, et non sans mérite : le cardinal-infant, le cardinal de Savoie, Richelieu, La Valette, Sourdis, archevêque de Bordeaux, le cardinal Théodore Trivulce, commandant de la cavalerie espagnole, étaient les plus connus. D'autre part, un évêque de Mende avait été souvent intendant d'armée. Le pape Urbain VIII, fâché contre la France, fit dire au cardinal de La Valette qu'il le dépouillerait du cardinalat s'il ne quittait les armes ; mais, une fois réconcilié avec la France, il revint sur son compte et le combla de bénédictions. Les ambassadeurs agissaient de même, comme Charnacé et d'Estrades en Hollande. Aucun ministre de paix n'aimait alors la paix.

accorda volontiers (1636). Touché de la confiance que lui témoignaient les deux cardinaux, Turenne se surpassa. Au dernier assaut, les soldats n'ayant pu arracher les palissades qui défendaient les abords de la place, il sauta par dessus et tint ferme tout seul de l'autre côté jusqu'à ce que ceux qu'il commandait eussent réussi à passer auprès de lui ; il força les retranchements que les ennemis avaient installés sur la brèche et dans le terre-plein du bastion : tout fut pris et emporté. Le cardinal de La Valette recouvra par là son honneur, mais Turenne faillit y perdre un bras, qu'il eut percé d'un coup de mousquet dont la balle lui fit une blessure si dangereuse que les médecins voulurent l'amputer. Par bonheur, le blessé s'y refusa énergiquement, et il guérit au bout de quelque temps. On connut, toutefois, par les alarmes que causa sa blessure et par la joie que répandit partout sa guérison, combien il était généralement aimé et estimé.

Peu après la reddition de Saverne, le général Galas, ayant passé le Rhin à l'effet de prendre ses quartiers d'hiver en Franche-Comté, avait fait avancer ses premières gardes pour se saisir des postes les plus commodes et les plus avantageux de cette province. La Valette, en ayant été averti, envoya au-devant de lui un détachement sous les ordres de Turenne, qui marcha jour et nuit. Étant arrivé au gros bourg de Jussey, où les gardes de Galas commençaient à installer des retranchements, il les attaqua, les défit et força Galas à rebrousser chemin. Ce général, avant de repasser le Rhin, voulut au moins traverser le siège de Jonvelle, que le duc de Weimar faisait pour notre compte dans une autre partie de la Franche-Comté : mais Turenne se posta d'une manière si avantageuse entre les Impériaux et notre allié qu'il rompit toutes les mesures prises par Galas, et réussit même à forcer Jonvelle de se rendre au duc de Weimar.

Ces deux heureuses réussites déterminèrent Richelieu à confier le commandement de l'armée de Flandre à La Valette, qui, cette fois encore, voulut être accompagné par

Turenne (1637). Il lui fit ouvrir la campagne par l'attaque du château d'Hirson, lequel ne résista que faiblement; puis, il alla investir Landrecies. Ce siège donna mille peines à Turenne pour empêcher que le cardinal n'eût le chagrin de voir échouer cette nouvelle entreprise, car le temps devint si mauvais et la pluie tomba avec une telle abondance que les soldats étaient jusqu'à la ceinture dans l'eau, dont la tranchée était toute remplie. Turenne y entrait avec eux, et n'en sortait que pour aller rendre compte au cardinal de ce qui s'y passait; il les encourageait au travail et à la patience, sans longs discours, mais en leur montrant l'exemple et en y joignant la libéralité. Il donnait de l'argent à ceux qui faisaient preuve de plus d'expérience pour les engager à venir dans la tranchée, même hors de leur rang. Il surmontait ainsi tous les obstacles que l'art, la nature et les efforts des ennemis opposaient, comme de concert, aux assiégeants. La place se rendit enfin.

La prise de Landrecies fut suivie de celle de Maubeuge et de Beaumont, d'où Turenne eut ordre d'aller prendre Solre, le plus fort château de tout le Hainaut : on lui donna les régiments de Champagne et de Saint-Luc pour cette expédition. Il y avait 2,000 hommes de garnison dans ce château; mais Turenne les fit attaquer si vivement que, en très peu d'heures, ils furent forcés de se rendre à discrétion.

L'ennemi se porta ensuite en deçà de Maubeuge pour empêcher la jonction des armées de La Valette et du duc de Candale; mais, n'ayant pu en venir à bout, il fut contraint de s'en retourner. Turenne, chargé de sa poursuite, en obligea une partie à repasser la Sambre, où beaucoup se noyèrent; il en fit passer au fil de l'épée un grand nombre dans tout le reste de la retraite, et finit par là cette campagne.

L'année suivante (1638), Richelieu, qui avait résolu de faire assiéger par un condottiere à sa solde, le duc Bernard de Saxe-Weimar, la ville de Brisach, regardée alors

comme le boulevard de l'Allemagne, envoya Turenne au
duc avec un corps de 4,000 hommes, qu'il avait levés dans
le pays de Liège. Le duc, ayant reçu ce renfort, fit
aussitôt avancer son armée du côté de Brisach et se rendit
maître de tous les châteaux et de tous les postes des environs, pour serrer la place de près. A la première nouvelle de cette entreprise, Gœutz et Savelly, généraux de
l'armée impériale, ramassèrent en hâte toutes leurs
troupes et se mirent en marche pour tâcher de jeter un
secours d'hommes et de munitions dans la ville avant que
ses avenues leur fussent entièrement fermées. Le duc de
Weimar alla au-devant d'eux jusqu'à Wittenvhir, qui est
vis-à-vis de Rinaw. Ils voulaient éviter le combat; le duc
les y força. Savelly y fut blessé très dangereusement,
Gœutz prit la fuite, et les Impériaux furent si complète-
tement défaits que le duc, estimant qu'il leur était impossible de traverser dorénavant son entreprise, commença
le siège de Brisach dans les formes. Mais à peine les
lignes en étaient-elles achevées que le duc de Lorraine,
qui était dans les intérêts de l'Empereur, se mit en
marche avec un corps de troupes dans le dessein de faire
lever ce siège. Le duc prit aussitôt une partie de l'armée
et, laissant l'autre devant la place sous la conduite de
Turenne et du comte de Guébriant, il alla au-devant de
l'ennemi; sa victoire sur les Lorrains fut aussi complète que celle qu'il venait de remporter sur les Allemands.

Cependant Gœutz et le général Lamboy, qui remplaçait
Savelly, ayant encore ramassé quelques bandes, gagnè-
rent Brisach par des chemins si couverts qu'ils arrivèrent au quartier du duc de Weimar avant qu'on se fût
aperçu de leur marche. Ils reconnurent nos lignes, les
attaquèrent avec vigueur, emportèrent deux redoutes qui
les défendaient de ce côté-là; et tout pliait déjà devant eux
lorsque Guébriant et Turenne, avertis du danger, accoururent au quartier du duc, où ils soutinrent d'abord l'assaut des Impériaux. Ils les poussèrent ensuite avec vi-

gueur, leur firent lâcher pied, puis les chassèrent entièrement de nos lignes. Les ennemis passèrent alors le Rhin
et vinrent assiéger Ensisheim, petite ville dans le voisinage
de Brisach, et de laquelle ils auraient pu nous incommoder
s'ils s'en fussent rendus maîtres. Mais Turenne, y étant
allé avec une partie de notre armée, leur en fit lever le
siège, les attaqua jusque dans le camp où ils s'étaient retirés, et en tailla en pièces un si grand nombre qu'il les
mit hors d'état de penser désormais à tenter le secours de
Brisach. De tous les dehors de cette place, il ne nous restait
plus à prendre que le fort nommé le Ravelin de Raynach
qui, rendant les assiégés possesseurs du principal bras du
Rhin, leur laissait toujours l'espoir d'être secourus par
cet endroit et les empêchait d'ouvrir leurs portes. Le duc,
qui avait vu Turenne réussir heureusement dans tout ce
qu'il entreprenait, le charge encore de l'attaque de ce fort.
Turenne y alla avec 400 hommes. Il fit rompre la palissade
à coups de hache, ses gens y entrèrent par trois endroits
à la fois, tout y fut tué, et le gouverneur de la ville, ne
pouvant plus compter sur aucun secours, capitula enfin
et se rendit le 17 décembre après cinq mois de résistance.

On admira d'autant plus la bravoure énergique de
Turenne qu'il ne cessa d'avoir la fièvre quarte pendant
tout le temps que dura le siège. Aussi le duc de Weimar
ne pouvait-il s'empêcher de l'embrasser au retour de
chaque expédition où il l'envoyait ; et, après la reddition
de la ville, il en écrivit au cardinal de Richelieu comme
d'un homme qui égalerait bientôt les plus grands capitaines. Aussi, lorsque Turenne revint à la cour, il n'y eut
sortes de caresses dont le premier ministre ne l'accablât,
jusqu'à lui demander son amitié ; faveur qu'il n'avait encore accordée qu'aux Princes du sang. Même il voulut lui
faire épouser une de ses plus proches parentes. Mais
Turenne, qui appréhendait que la différence de religion
nuisît à la bonne intelligence qu'il désirait avant tout dans
le mariage, s'en ouvrit franchement au cardinal, qui goûta

ses raisons. Richelieu lui sut gré de cette honnêteté de sentiments, de sorte que, bien loin de s'offenser de son refus, il l'en estima davantage et continua à lui marquer sa confiance en l'employant aux affaires les plus difficiles.

Campagnes d'Italie et du Roussillon. — Mort de Richelieu. — Avènement de Louis XIV. — Turenne repasse en Italie. — Il est fait Maréchal de France.

Dans le courant de l'année 1639, Richelieu envoya Turenne en Italie. L'année précédente, le cardinal avait chargé La Valette d'aller secourir la duchesse douairière de Savoie, qui avait alors grand' peine à se maintenir dans la régence des États du jeune duc son fils contre les entreprises du prince Thomas et du cardinal de Savoie, ses beaux-frères. La Valette eût bien voulu, cette fois encore, se faire accompagner par Turenne; mais nous venons de voir que Richelieu avait eu besoin de celui-ci du côté du Rhin. Pendant la profitable campagne d'Alsace, La Valette, livré à lui-même, avait perdu successivement Yvrée, Verceil, Verrue, Nice, Coni et plusieurs autres places considérables, dont les princes de Savoie, secourus par les Espagnols, s'étaient rendus maîtres. L'Empereur ayant, dans ce même temps-là, fait publier un décret par lequel il déclarait la duchesse de Savoie déchue de la tutelle de son fils, presque tout le Piémont se souleva contre elle et se livra à ses beaux-frères, de telle sorte qu'il ne restait plus à cette princesse que Suse, Savilian, Carignan, Chivas et la citadelle de Turin, la ville même ayant été surprise de nuit par le prince Thomas.

Les choses étaient dans ce triste état lorsque, La Valette étant venu à mourir, le cardinal donna ordre au

comte d'Harcourt d'aller se mettre à la tête de l'armée d'I-
talie, où il avait déjà envoyé Turenne. A l'arrivée du nouveau général en chef, on tint conseil, on examina l'état des
troupes, puis, quoique l'ennemi en comptât le double, on
résolut d'aller le chercher. On marcha donc sur Villeneuve d'Asti, où il se tenait. L'ennemi, qui eût peut-être
fait la moitié du chemin si les Français se fussent trouvés
en nombre égal, étonné de ce que nous osions l'attaquer
avec des forces inférieures, non seulement ne sortit point
de ses quartiers, mais encore, redoutant un artifice, s'y
retrancha; de sorte qu'il fallut assiéger Quiers, dans le
voisinage, pour l'obliger à sortir. Turenne se porta avec
toute la cavalerie au delà de Quiers, entre les Espagnols
et le comte d'Harcourt, lequel prit ainsi la ville sans aucun obstacle. Mais comme il y avait très peu de vivres, il
ne put y rester longtemps. De son côté, l'ennemi ayant
bien prévu qu'il serait contraint de marcher sur Carignan
pour en trouver, le marquis de Léganez, à la tête des Espagnols, courut vers la hauteur de Poirin, au bas de laquelle l'armée française ne pouvait éviter de passer, tandis que le prince Thomas s'empressait de gagner la petite
rivière de Santena, qu'il nous fallait aussi nécessairement
traverser. Comme Léganez venait de Villeneuve d'Asti et
le prince Thomas de Turin, l'armée de l'un devait se trouver à la droite du comte d'Harcourt et celle de l'autre à sa
gauche, de manière que les Français ne pouvaient plus gagner Carignan sans s'exposer à prêter le flanc à ces deux
corps, lesquels, selon toutes les apparences, ne devaient
pas manquer à profiter de cet avantage et à donner rude-
ment sur leur arrière-garde. Cependant, il n'y avait plus
ni munitions ni fourrages à Quiers, et il fallait tenter la
retraite à quelque prix que ce fût. Dans cette extrémité,
Turenne, tout malade qu'il était encore de la fièvre quarte,
s'offrit à aller avec 2,000 hommes se rendre maître du
pont sur lequel il fallait passer la rivière, et qui était auprès du village de La Route, s'engageant à défendre si
bien ce poste que l'ennemi ne pourrait plus empêcher le

passage de l'armée. D'Harcourt, ravi de cette offre, lui donna les 2,000 hommes qu'il demandait. Turenne marcha avec tant de diligence qu'il prévint le prince Thomas, et, étant arrivé avant lui au pont, il s'en saisit ainsi que de tous les postes environnants. Le prince de Savoie y arriva peu de temps après avec 10,000 hommes; il fondit immédiatement sur Turenne, qui, après avoir soutenu le premier choc des ennemis, les fit charger à son tour avec tant de vigueur qu'il rompit leurs trois lignes et les mena battant l'espace de plus d'un mille. Thomas fut renversé deux fois dans un fossé, et il aurait infailliblement été pris sans l'obscurité de la nuit, qui ne permit pas de le reconnaître et laissa, malgré une déroute si générale, à la plus grande partie de son armée la facilité de trouver son salut dans la fuite. Pendant ce temps, Léganez, descendu de Poirin, était venu avec ses Espagnols attaquer le comte d'Harcourt, lequel aussi demeura victorieux. Toutefois, comme les ennemis ne laissaient pas de l'inquiéter encore, ce général n'osait s'avancer plus près de la rivière, craignant que le prince Thomas se fût rendu maître des passages. Turenne lui envoya dire alors qu'il n'avait rien à craindre, qu'il pouvait faire avancer son armée en entière assurance, qu'il se chargeait de faire l'arrière-garde et qu'il lui répondait de tout. D'Harcourt s'avança donc sur sa parole; tout défila devant Turenne, troupes, canons, bagages, et cela au petit pas et sans aucun désordre. Il passa le dernier et, ayant mis pied à terre, il aida lui-même à rompre le pont; après quoi d'Harcourt gagna sans peine Carignan, où il mit en quartier d'hiver une partie de son armée et le reste aux environs. Tel fut le combat devenu célèbre depuis sous le nom de combat de la Route de Quiers. On accorda presque tout l'honneur de cette victoire à Turenne, lequel, en effet, seconda si bien d'Harcourt en cette occasion que le cardinal de Richelieu le regarda, dès lors, et avec raison, comme un homme capable de commander en chef. Et l'éclat de cette action fut si grand que, comme s'il eût fait oublier dorénavant toutes les précédentes, on commença à ne plus compter les exploits de Turenne que de la Route de Quiers, date qui resta ainsi glorieusement gravée dans la mémoire de ses contemporains.

La campagne étant ainsi momentanément terminée, le comte d'Harcourt s'en alla passer l'hiver à Pignerol, laissant Turenne à la tête de nos quartiers pour les défendre et le chargeant, en outre, de ne laisser manquer de rien la citadelle de Turin, que le comte de Couvonges défendait toujours contre le prince Thomas, lequel la tenait assiégée de dedans la ville, dont il était maître. Turenne, trouvant que nos troupes étaient trop serrées dans les endroits où on les avait logées et voyant que la cavalerie y manquait de fourrages, commença par assiéger les forteresses de Busca et de Dronero, qu'il prit en six jours (1640); l'armée française eut ainsi de quoi s'étendre et subsister à son aise. Il fit ensuite entrer dans la citadelle de Turin les munitions de guerre et de bouche nécessaires, malgré tout ce que le prince Thomas put tenter pour l'en empêcher.

Peu après, ayant su que le prince avait envoyé un corps de cavalerie assez près de là pour hiverner, il alla l'investir et l'enleva. Au commencement du printemps, d'Harcourt ayant également appris que le marquis de Léganez, à la tête de 20,000 hommes, avait assiégé Casal, que nous défendions pour le jeune duc de Mantoue, notre allié, il manda à Turenne de le venir trouver à Pignerol pour délibérer sur ce qu'ils devaient faire en cette rencontre. Turenne détermina bientôt d'Harcourt en lui représentant que Casal nous était d'une telle importance qu'il fallait promptement assembler le peu de troupes que nous avions et y marcher sans retard, ajoutant qu'avant qu'on fût à moitié chemin on recevrait immanquablement ordre de la cour de tout hasarder pour secourir cette place; ce qui arriva comme il l'avait prédit. Les Français n'étaient que 10,000 hommes. Néanmoins, d'Harcourt marcha aux ennemis avec son intrépidité ordinaire, et, apres avoir reconnu leurs lignes, il les fit attaquer par le comte du Plessis-Praslin, qui fut, à la vérité, repoussé par trois fois; mais Turenne, s'étant avancé à son tour, réussit à les forcer et renversa tout ce qui se présenta devant lui : les Allemands lâchèrent pied aussi bien que les Espagnols et prirent la fuite de divers côtés, les uns vers Pont-de-Sture, les autres vers Frascinel, où ils pouvaient passer le Pô. Turenne les poursuivit tant que le jour dura. On leur prit 12 pièces de canon, 6 mortiers, 24 drapeaux, toutes leurs munitions, la plus grande partie de leurs bagages et les papiers mêmes du marquis de Léganez, obligé de se sauver avec tant de précipitation qu'il n'eut pas le temps de les emporter. On leur tua 3,000 hommes, on fit 1,800 prisonniers, il s'en noya un grand nombre dans le Pô, et la nuit sauva le reste.

Comme nos troupes étaient fort animées par ce succès, d'Harcourt crut devoir profiter de leur ardeur, et il assembla un conseil de guerre à cet effet. Turenne y proposa le siège de Turin. Les autres officiers généraux s'opposèrent à ce dessein, soutenant qu'il y aurait de la témérité à entreprendre avec 10,000 hommes l'investissement d'une ville ayant 12,000 soldats de garnison, sans les bourgeois, et qui pouvait être secourue par une armée de 15,000 Espagnols, comme était encore celle de Léganez. Mais Turenne ayant persisté dans son avis et représenté que les affaires du roi seraient absolument perdues en Piémont si le prince Thomas s'emparait de la citadelle de Turin, ce qu'on ne pouvait empêcher qu'en assiégeant la ville, d'Harcourt déclara qu'il partageait cette opinion. Le siège se trouvant ainsi résolu, on y marcha aussitôt. On se saisit du pont qui était sur le Pô, du couvent des Capucins, sur une hauteur à la droite du fleuve, du Valentin, maison de plaisance des ducs de Savoie sise à la gauche, et de tous les autres postes avantageux des environs. On renversa à coups de canon les moulins de la ville construits sur la rivière nommée la Petite-Noire; puis, on creusa des lignes de circonvallation et de contrevallation, bref on resserra la place autant que possible, dans l'espérance qu'en n'y laissant rien entrer on l'affamerait en peu de temps.

Le marquis de Léganez, regardant cette entreprise de d'Harcourt comme une occasion favorable que la fortune lui offrait de venger son affront de Casal, manda au prince Thomas qu'il allait marcher à son secours, que, pour cette fois, le comte d'Harcourt ne lui échapperait pas et que les dames de Turin pouvaient louer d'avance des fenêtres sur la grande rue pour le voir passer prisonnier. Il grossit son armée des garnisons de la plupart des places du Milanais et vint, avec 18,000 hommes, sur la montagne qui est au-dessus des Capucins, au delà du Pô, à dessein de passer ce fleuve sur le pont de Turin : mais il trouva ce pont si bien gardé qu'il n'osa l'attaquer. Il décampa donc; et, comme il prit son chemin par derrière les montagnes de San-Vito et de Covoretto, qui bordent le Pô, d'Harcourt se douta bien qu'il voulait passer ce fleuve à Montcalieri, au-dessus de Turin : il y envoya Turenne, avec un détachement, pour s'opposer à son passage. Toutefois, quelque diligence qu'eût mise Turenne, lorsqu'il arriva à Montcalieri, 5,000 ennemis environ avaient déjà passé le Pô et commençaient à se retrancher dans les cassines qui étaient en deçà de ce fleuve. Le général français marche à eux sans perdre un moment, et, comme ses soldats faisaient difficulté de passer un ruisseau que les pluies de la nuit avaient fait déborder, il le franchit le premier, attaque les cassines que les Espagnols avaient déjà percées pour s'y défendre, les en chasse, les taille en pièces en les poussant vers le Pô, où tous ceux qui lui échappent se noient, brûle le pont, qui n'était que de bois, et se retranche sur le bord du fleuve vis-à-vis de l'ennemi. Cet audacieux coup de main causa une telle impression sur l'esprit de Léganez que celui-ci se retira vers le Rivigliasco, prétextant d'aller chercher un renfort, et laissa son armée sous la conduite de Carlo della Gatta, le plus brave et le plus capable de ses officiers, lequel lui promit qu'il la ferait passer de quelque manière que ce fût. Turenne, ayant affaire à un homme d'une réputation de vigilance extrême, fit garder jour et nuit tous les gués au-dessus de Montcalieri, de sorte que della Gatta n'osa ni les passer en sa présence, ni jeter des ponts en aucun endroit. Tout ce qu'il put faire fut de s'emparer de quelques petites îles qui étaient plus proches du bord du Pô sur lequel il campait que de celui où les troupes françaises se tenaient. Mais Turenne trouva encore le moyen d'y passer avant que l'ennemi y eût achevé ses retranchements : il l'en délogea, et tous ceux qui s'y trouvaient furent de nouveau massacrés ou noyés dans le fleuve. Toutefois, il reçut un coup de mousquet dans l'épaule, qui l'obligea de se faire porter à Pignerol. Léganez, informé de cet événement, revint aussitôt à Montcalieri, jeta un pont sur le Pô, passa ce fleuve malgré tous nos efforts et alla resserer le comte d'Harcourt dans son camp. On peut dire que peut-être il n'y eut jamais en aucun endroit une semblable disposition d'armées, où les troupes des deux partis, également assiégeantes et assiégées, s'enveloppaient les unes les autres, à ce point que le prince Thomas, qui assiégeait Couvonges dans la citadelle, se voyait investi dans la ville par d'Harcourt, que Léganez tenait pareillement bloqué dans son camp.

En cette situation, Léganez étant convenu d'attaquer nos lignes pendant que le prince Thomas ferait une sortie, et le jour qu'ils avaient pris pour cela étant arrivé, d'Harcourt fut vigoureusement attaqué tout à la fois par la ville et par la campagne. Le prince de Savoie se rendit maître du Valentin, et Carlo della Gatta, ayant comblé nos lignes au quartier du marquis de La Mothe-Houdancourt, qu'il força, entra dans Turin avec 1,200 chevaux et 1,000 fantassins; après quoi, Léganez ayant fait occuper le poste de Colegno, qui le rendait maître de la Petite-Noire, comme il l'était du Pô, par Montcalieri, où il avait laissé quelques régiments, ce général empêcha qu'il ne nous vînt des vivres ni de Suse ni de Pignerol et affama tellement notre camp que tous les officiers généraux voulaient contraindre d'Harcourt à se retirer de devant Turin. Par bonheur Turenne, remis de sa blessure, amena de Pignerol à notre armée un grand convoi de vivres et de munitions, en dépit des efforts de Léganez, qui le suivit dans toute sa route, voltigeant sur les ailes de son escorte pour l'enlever et lui dressant toutes sortes d'embûches pour le surprendre. L'arrivée de ce secours pensa désespérer le prince Thomas, qui se trouvait, lui aussi, réduit dans Turin à la pire disette. Della Gatta entreprit de soulager la place en faisant passer une partie de la garnison dans l'armée de Léganez, et il crut pouvoir en sortir comme il y était entré. Mais, depuis le retour de Turenne au camp français, la situation avait changé de face. Della Gatta, ayant voulu sortir de Turin, y fut ramené l'épée dans les reins. Les assiégés tentèrent plusieurs autres sorties, où ils perdirent beaucoup de monde. Finalement, le marquis de Léganez essaya tout pour forcer nos lignes et ravitailler la place, mais en vain. Le prince Thomas, n'ayant pas mieux réussi à se dégager et se voyant réduit à la dernière extrémité, demanda enfin à capituler, et se rendit le 17 septembre. Il y avait quatre mois que le siège durait. Léganez, abandonnant la partie, repassa le Pô avec son armée. Quant au comte d'Harcourt, il revint en France, laissant le commandement de la sienne à Turenne par ordre de la cour.

Comme nos troupes avaient extrêmement souffert pendant ce siège, Turenne leur accorda tout le temps dont elles avaient besoin pour se rétablir. Ensuite, dès qu'elles se trouvèrent en état d'agir, quoique l'hiver ne fût pas encore terminé, il les fit marcher sur Moncalvo (1641) : il assiégea cette place, et s'en rendit maître en dix jours. Puis, il passa le Pô et alla bloquer Yvrée, où étaient tous les magasins du prince Thomas : ne doutant pas que celui-ci ne vînt en grande diligence pour y jeter du secours, il ne descendit point de cheval qu'il n'eût fait achever ses lignes et assuré ses quartiers. Le prince de Savoie, en effet, ne manqua pas d'accourir à Yvrée, persuadé que Turenne n'aurait pas eu le temps de pourvoir à la sûreté de son camp; mais il le trouva si bien retranché qu'il n'osa l'attaquer. Se flattant alors de lui donner le change, il courut investir Chivas, pour lui faire abandonner Yvrée. Il est vrai que Chivas, où nous avions un pont sur le Pô, ne nous importait pas moins que l'autre place. Mais Turenne, espérant avoir toujours le temps de secourir Chivas, n'abandonna point Yvrée et se contenta d'en presser vivement les travaux. Pendant ce temps, le comte d'Harcourt, ayant appris en France que son heureux lieutenant avait en si peu de jours enlevé Moncalvo et osé même assiéger Yvrée, fut piqué de jalousie. Il abandonne subitement la cour, passe les Alpes et apparaît sous les murs de la place investie. Dès son arrivée, il donne l'assaut, ne réussit point et fait lever brusquement le siège, disant qu'il faut tout abandonner pour secourir Chivas. Le prince Thomas, qui n'avait point eu d'autre dessein, leva également celui de cette ville avant que les Français y fussent arrivés et se retira au delà du Pô avec son armée. Il semble que d'Harcourt, après cet étrange coup de tête, aurait dû revenir assiéger Yvrée. Cependant, abandonnant toutes les vues que Turenne avait eues en bloquant cette place, il passa le Pô et alla prendre les villes de Ceva, de Mondovi et de Coni. Quoique Turenne n'eût certes pas lieu d'être satisfait d'une pareille attitude, il fit néanmoins preuve d'un tel dévouement pour le succès du comte d'Harcourt aux sièges de ces trois dernières places que toute l'armée ne put cacher son admiration pour un pareil désintéressement. Ce procédé augmenta encore l'estime que le cardinal de Richelieu éprouvait pour lui. Aussi, quand il eut formé le plan de conquérir le Roussillon, pour pénétrer dans la Catalogne dont les habitants s'offraient à la France, et ayant même engagé le roi à y aller en personne, le premier ministre s'empressa de faire venir Turenne, quelque nécessaire qu'il fût encore en Italie par la connaissance qu'il avait acquise de ce pays.

Sitôt que l'armée qui devait agir en Roussillon fut assemblée (1642), on marcha sur Perpignan, pour enlever cette place; mais, comme les Espagnols pouvaient la secourir par Collioure, où il leur était aisé d'aborder avec leurs vaisseaux, on se contenta d'abord de bloquer la capitale et on alla assiéger Collioure. Le gouverneur avait fait élever quantité de forts et de redoutes autour de la ville; on les prit tous l'un après l'autre, l'épée à la main, et la place fut contrainte de se rendre. On revint alors sur Perpignan, dont le siège prit plus de temps; néanmoins, son gouverneur se vit également obligé à capituler. On se rendit maître ensuite du château de Salées et des autres places fortes de la province, sans beaucoup de peine, de telle sorte que la conquête se trouva achevée en une seule campagne.

Ce fut à cette époque que le duc de Bouillon, frère de Turenne, s'étant trouvé impliqué dans un traité secret que le duc d'Orléans avait conclu avec l'Espagne et ayant été arrêté à la tête de notre armée d'Italie, dont on venait de lui confier le commandement, dut, pour sauver sa vie, livrer Sedan au roi, lequel s'engagea, toutefois, à lui donner en échange plusieurs grands apanages et à conserver le rang de Prince à tous ceux de sa maison. La possession de cette importante place, demeurée depuis lors unie à la Couronne, fut le dernier des avantages que la politique du grand cardinal procura à la France. Richelieu mourut peu de temps après, le 4 décembre 1642, craint, haï, envié et admiré tout à la fois, ayant mené son œuvre à bonne fin, c'est-à-dire ayant rétabli l'unité du pouvoir et raffermi la Monarchie. « Tant vaut l'homme, tant vaut la terre! a écrit un de ses derniers biographes (1). Cet axiome du droit féodal est également vrai en politique, où l'on peut dire : tant vaut l'homme, tant vaut la place! La comparaison de Concini et de Luynes avec Richelieu est là pour en attester la vérité. La situation que

____

(1) Adrien Desprez, *Richelieu et Mazarin*, p. 141.

ces hommes avaient laissée telle qu'ils l'avaient trouvée, Richelieu l'avait transformée; là où étaient le trouble et le désordre, il avait mis l'ordre et la tranquillité; là où le pouvoir royal se traînait impuissant et désarmé, il l'avait fait triomphant et dominateur. Sans lui, rien de tout cela ne fût arrivé; et si ces deux favoris avaient eu des successeurs qui leur ressemblassent, on eût vu revenir le triste règne des derniers Valois. Le triomphe de l'autorité royale, voilà justement ce que reprochent à Richelieu les partisans de la domination aristocratique; c'est dans ce sens que Montesquieu a appelé Richelieu et Louvois les deux plus mauvais citoyens de la France. Mais juger ainsi n'est-ce point faire œuvre de parti et de prévention aveugle? N'est-ce point préférer l'intérêt d'une caste à celui de la France? Si l'on voulait se placer à ce point de vue étroit, ne faudrait-il pas imiter ces sectaires qui honoraient Judas en disant qu'on lui devait le salut du monde et que, s'il n'eût vendu Jésus, l'humanité n'eût point été rachetée par sa mort? De même, on peut soutenir que Richelieu fut le véritable précurseur de la Révolution Française. La lutte était engagée entre l'aristocratie féodale et la puissance royale; l'aristocratie avait montré qu'elle ne pouvait aboutir qu'à l'oppression et à la désagrégation du pays. Restait l'autorité monarchique, vers laquelle les regards pouvaient longtemps se tourner comme vers un remède infaillible. Il fallait qu'elle triomphât, qu'elle pût tout se permettre, afin de se perdre par ses excès en montrant à tous les imperfections de ce système social. Cet essai, Richelieu le rendit possible. » A l'époque que nous décrivons, les prévisions n'allaient pas si loin, et, plus tard même, le règne glorieux de Louis XIV ne présageait en rien le règne honteux de Louis XV, dont le malheureux Louis XVI paya si durement les crimes. Ce qui est incontestable, en laissant de côté certains moyens violents de sa politique, que les nécessités du moment expliquent sans les excuser absolument, c'est que Richelieu a été et reste l'un des plus grands hommes d'État de notre pays.

Le caractère mesquin du cardinal Mazarin, son successeur, fait encore ressortir plus vivement l'ampleur de son génie.

Louis XIII mourut cinq mois après, le 14 mai 1643, laissant la reine Anne d'Autriche régente du royaume pendant la minorité de Louis XIV son fils, qui n'avait que quatre ans et demi. La situation était difficile. La France, alliée à la Suède, à la Hollande, à la Savoie, au Portugal, et ayant pour elle les vœux des autres peuples demeurés dans l'inaction, soutenait contre l'Empire et l'Espagne une guerre ruineuse aux deux partis, funeste il est vrai à la maison d'Autriche, mais dont on ne pouvait encore prévoir la fin; pour réparer les pertes qu'entraînait une pareille lutte, Richelieu avait été réduit à taxer les portes cochères de Paris à fournir chacune un laquais pour aller à la guerre et pour repousser les ennemis du dedans des portes de la capitale : c'est que la France ne possédait pour toute armée, à cette époque, que 80,000 hommes effectifs sur pied. Le commerce était en très peu de mains, et la police très négligée. Le grand cardinal avait dû commencer par rendre la France formidable au dehors, et c'est pour cela, notamment, qu'il avait créé à grands frais une marine de guerre; mais il n'avait pas eu le temps de rendre le pays florissant au dedans. Les grands chemins n'étaient ni réparés ni gardés, les brigands les infestaient; les rues de Paris principalement, étroites, mal pavées, couvertes de dégoûtantes immondices, étaient remplies de voleurs. Les finances se trouvaient obérées. Enfin, l'esprit de discorde et de guerre civile, comprimé par la terreur qu'inspirait Richelieu, ne cherchait que l'occasion de se ranimer. Telles étaient les difficultés avec lesquelles la Régence allait se trouver aux prises.

Cependant Turenne, qui était presque le seul personnage de qualité qui se fût intéressé au duc de Bouillon pendant sa détention, avait fait preuve d'une telle sagesse et d'un si véritable esprit de patriotisme dans cette fâcheuse affaire que sa conduite redoubla l'estime qu'on ressentait pour lui à la cour. Son frère se trouvant tiré sain et sauf de son aventure, on le renvoya en Italie. On venait d'y accorder le commandement de notre armée au prince Thomas, qui avait abandonné le parti des Espagnols pour se rallier à la France. Toutefois, comme on ne comptait pas beaucoup sur l'attachement d'un pareil auxiliaire à nos intérêts, il avait paru utile de surveiller sa fidélité, et ce fut Turenne qu'on choisit pour ce poste de confiance. Sitôt qu'il eut rejoint l'armée, le prince Thomas marcha sur Alexandrie, qu'il investit, mais de façon que, ses quartiers étant assez éloignés les uns des autres, l'ennemi pût facilement jeter du secours dans la place par les intervalles laissés libres ; c'est ce que ne manquèrent pas de faire les Espagnols, qui tirèrent pour cette besogne la moitié de leur garnison de Trin. Alors le prince Thomas, qui n'avait feint de vouloir assiéger Alexandrie que pour engager l'ennemi à dégarnir lui-même Trin, courut bloquer cette ville dans toutes les formes. Il attaqua les dehors avec une extrême vigueur, et ils furent bientôt emportés. Les Espagnols vinrent reconnaître nos quartiers, pour tâcher de faire rentrer dans la place les troupes qu'ils en avaient tirées, et, n'ayant pu y réussir, ils feignirent, à leur tour, d'en vouloir à Asti, qu'ils investirent ; mais, comme les Français l'avaient pourvue de tout ce qui était nécessaire pour soutenir un long siège, ils continuèrent celui de Trin, qui se rendit le 24 septembre.

C'est à ce moment qu'Anne d'Autriche envoya le bâton de Maréchal de France à Turenne. Il n'avait que trente-deux ans. Elle lui confia, en même temps, le commandement de notre armée d'Allemagne. La régente voulait ainsi s'assurer son appui contre les cabales et les factions inséparables d'une Minorité.

III

Campagne d'Allemagne. — Batailles de Fribourg, de Mariendal, de Nordlingen; prises de Landau et de Trèves.

Le maréchal de Guébriant, qui, après la mort de Bernard de Saxe-Weimar, avait été mis à la tête de l'armée française d'Allemagne, venait également de mourir des suites d'une blessure par lui reçue au siège de Rottweil, ville impériale située à la source du Necker. Le comte de Rantzaw, le plus ancien officier du corps, en avait pris le commandement et l'avait menée aux environs de Dutlinghen, autre ville peu éloignée des sources du Danube, où le baron de Mercy, généralissime des troupes bavaroises, l'enleva avec tous ses officiers généraux et toute son armée, à l'exception de 5 ou 6,000 hommes qui se sauvèrent en deçà du Rhin, sans chef, sans argent et sans armes. C'est à ce chiffre misérable que se trouvait réduite cette armée qui avait été la terreur de l'Empire sous le duc de Weimar, et ce fut avec cet unique débris de troupes qu'on chargea Turenne de défendre de ce côté la frontière française contre les efforts réunis des armées de l'Empereur, du duc de Bavière et du duc de Lorraine. Pour surcroît de malheur, le général en chef de l'armée Suédoise, Tortenson, qui jusque-là avait agi de concert avec nous contre les Impériaux, s'en alla dans le Holstein, sans même nous donner avis de son départ (1644).

Tel était l'état de nos affaires en Allemagne lorsque Turenne y arriva. Il commença par emprunter sur son crédit personnel une somme considérable d'argent, pour subvenir aux besoins de ses troupes; il fit ainsi remonter la cavalerie et rhabiller l'infanterie à ses propres dépens; il acheta de nouveaux équipages d'artillerie; puis, les recrues de chaque régiment ayant été terminées, il trouva, par la revue qu'il en passa, que ce petit corps de troupes. était de 7,000 hommes environ. Avec une aussi faible armée, bien loin d'être en état de tenter aucune entreprise, il n'y avait pas apparence qu'il pût seulement tenir la campagne. Néanmoins, Turenne n'hésita pas à passer le Rhin à Brisach; et, ayant appris que le frère de Mercy se tenait avec un corps de 2,000 chevaux aux approches d'Hutinghem, au-delà de la Forêt-Noire, il le fit attaquer par quatre ou cinq régiments, lui tua 600 hommes et fit 500 prisonniers avec beaucoup d'officiers (3 juin). Le reste se sauva vers Mercy qui, malgré cet échec ayant encore 16,000 hommes, alla mettre le siège devant Fribourg-en-Brisgaw. Quelque faible que fût Turenne, il voulait tenter le secours de cette place; mais la régente lui envoya l'ordre de surseoir à cette opération jusqu'à l'arrivée du duc d'Enghien (1), lequel, assisté du maréchal de Grammont, lui amenait un renfort de 12,000 hommes.

Cependant les Bavarois, ayant vivement pressé Fribourg, s'en étaient rendus maîtres. Le 28 juillet, le duc arriva enfin et résolut de joindre l'ennemi en quelque endroit que ce fût. Mercy était resté dans le camp qu'il avait établi auprès de la place, ne croyant pas pouvoir se poster ailleurs plus avantageusement. En effet, il tenait une plaine tout environnée de marais et de montagnes formant une sorte de carré long, lequel n'avait pour toute ouverture de notre côté que le grand chemin de Brisach à Fribourg. Il avait derrière lui cette dernière ville, tandis

(1) La véritable orthographe du nom du vainqueur de Rocroi est *Anguien*. C'est ainsi, d'ailleurs, que l'écrivent Raguenet et les autres contemporains, et c'est ainsi que l'écrit encore l'historien très compétent des Princes de la maison de Condé.

que la tête de son armée faisait face au chemin de Brisach,
par lequel on devait naturellement venir à lui; car les
marais, sur sa droite, étaient absolument impraticables
et les montagnes, sur sa gauche, si près l'une de l'autre
que l'espace qui se trouvait entre deux d'entre elles figurait
plutôt un défilé qu'un vallon. Cependant, comme son armée
prêtait le flanc à ceux qui l'eussent attaquée par ce passage,
il y avait fait élever des retranchements pour complé-
ter ceux que les ravins y opposaient déjà : il l'avait barré
de sapins couchés en travers et hérissé de pieux en tous
sens, qui servaient de chevaux de frise; de plus, il avait
garni le bois, à droite et à gauche, de ses mousquetaires;
si bien qu'il se tenait pour persuadé qu'on n'oserait jamais
l'attaquer par là. Quant au chemin de Fribourg à Brisach,
il pensait y avoir assez bien pourvu en plaçant un gros
corps de troupes sur la montagne qui le commande
entièrement.

Le duc d'Enghien, ayant reconnu la disposition de ce
camp, résolut de l'attaquer et par le chemin de Brisach et
par le vallon tout à la fois. L'armée bavaroise était de
15,000 hommes, la nôtre de 19,000 hommes. Le duc
prit la moitié des troupes et se réserva l'attaque par la
montagne, tandis que Turenne, avec l'autre moitié, se
chargea d'opérer par le vallon. Pour cela, il fallait faire
le tour de la montagne à travers les bois. Turenne partit
donc, le 3 août, dès la pointe du jour, afin d'arriver de
bonne heure et d'attaquer en même temps que le ferait
d'Enghien, ce qui arriva. Trois heures avant la nuit, le
duc faisait charger l'ennemi au pied de la montagne, en
gagnait le sommet de vive force et s'y installait, attendant
au lendemain pour descendre dans la plaine. De son côté,
Turenne avait pénétré dans le vallon et chargé l'infanterie
que Mercy avait logée à droite et à gauche dans les bois.
Comme cette infanterie se trouvait protégée de toutes parts
par ses retranchements et ses abatis d'arbres, il fallait
livrer un nouveau combat à chaque pas qu'on gagnait en
avant. Néanmoins, Turenne poussa si vivement l'ennemi

MÉDAILLES COMMÉMORATIVES

1. Rétablissement de l'Électeur de Trèves. — 2. Campagne d'Allemagne. —
3. Idem. — Défaite du duc de Bavière.

qu'il enleva les deux flancs du défilé, franchit tous les ravins et fossés qui le traversaient et déboucha dans la plaine, où il entra avec une partie de ses troupes. Précisément, à cette heure même, d'Enghien venait de cesser le combat, de sorte que Mercy, n'étant plus obligé de diviser ses forces, put venir se jeter sur Turenne avec toutes ses forces. Le feu dura continuellement de part et d'autre pendant la nuit entière, c'est-à-dire plus de sept heures. Les Bavarois tentèrent les plus grands efforts pour nous contraindre à repasser le défilé : toutefois, quoique leur infanterie fût soutenue par toute leur cavalerie et que le corps français ne comptât qu'un seul escadron derrière la sienne, faute d'espace, Turenne conserva le terrain qu'il avait gagné, et Mercy, ayant déjà 3,000 hommes hors de combat, jugea à propos de n'en pas sacrifier davantage. La nuit favorisa sa retraite, que le feu bien entretenu de ses tirailleurs acheva de dissimuler. Quand le jour parut, il n'y avait plus d'ennemis dans la plaine, et Turenne s'y établit avec le corps qu'il commandait : le duc d'Enghien descendit aussitôt de sa hauteur, et vint l'y rejoindre. Cependant les Bavarois, ayant gagné la Montagne Noire, à une lieue de là, commençaient à s'y retrancher. La fatigue des soldats de Turenne ne permit pas une nouvelle marche, et l'ennemi profita de cette relâche forcée pour se fortifier plus solidement. Mais le 5 août, au matin, les deux généraux français investirent le pied de la montagne, et ils se préparèrent à les attaquer de telle sorte que Turenne, qui pourtant n'était pas d'un caractère fanfaron, ne put s'empêcher de déclarer hautement que de semblables dispositions présageaint une pleine victoire. Mais l'imprudence d'un de leurs lieutenants faillit compromettre tout. Comme Turenne et d'Enghien s'avançaient à environ 2,000 pas de leurs lignes pour reconnaître une dernière fois le campement ennemi, d'Espenan, qui commandait toute l'infanterie du corps d'armée du duc, s'avisa, malgré la défense expresse de Turenne de rien tenter jusqu'à son retour, d'attaquer une petite redoute sise au pied de la montagne. L'ennemi riposta à d'Espenan par une si furieuse décharge d'artillerie et de mousqueterie que nos soldats, croyant le combat engagé, s'avancèrent de tous les côtés, sans ordres et sans chefs. Les Bavarois, tirant avantage de cette confusion, sortirent de leurs retranchements et firent un grand carnage de nos gens. Turenne, averti, accourut à eux; mais le désordre était si grand qu'il ne put ni se faire reconnaître ni se faire entendre, de sorte qu'il lui, fallut gagner les rangs les plus avancés de nos troupes et se mettre à leur tête pour repousser les ennemis, les contraindre à rentrer dans leurs abris et ainsi retirer les imprudents du péril où ils s'étaient précipités. Le duc d'Enghien voulut réparer ce contretemps par de nouvelles attaques, qui n'eurent pas le succès qu'il en espérait. On soutint par honneur le combat jusqu'au soir, afin qu'il parût que la nuit seule y avait mis fin; mais il nous en coûta la meilleure partie de notre infanterie, qui y fut défaite. Cependant, comme l'ennemi n'avait perdu guère moins de monde que nous dans cette dernière affaire et beaucoup plus dans le premier engagement, l'armée française se trouvait encore supérieure à la sienne. On se prépara donc à l'attaquer de nouveau lorsqu'il aurait abandonné la Montagne Noire, où il gardait tant d'avantages sur nous : et, comme il ne pouvait se retirer que par le val de Saint-Pierre, on alla se poster à Lansdelinghen, à dessein d'enfiler le val de Bloterdal lorsqu'ils entreraient dans l'autre et de les couper par l'abbaye qui est au bout de cette vallée, ce qui arriva comme on l'avait prévu (10 août). Mais les Bavarois, qui ne voulaient plus en venir aux mains, voyant que les Français se mettaient en bataille auprès de l'abbaye, abandonnèrent leurs canons, leur bagages et toutes leurs munitions pour fuir précipitamment, par les montagnes de la Forêt-Noire, dans le pays de Wurtemberg. Le duc d'Enghien les poursuivit jusqu'à Holgrave, et Turenne encore deux lieues plus loin. Puis, l'armée française retourna à Lansdelinghen, d'où elle était partie.

La retraite des Bavarois nous laissant maîtres de la campagne, le duc s'avança vers le marquisat de Baden et, descendant le long du Rhin, s'empara de Lichtenaw, de Baden, de Durlach, Landau, Philipsbourg, Neustadt, Spire, Manheim, Worms, Mayence et de toutes les autres villes et forteresses qui se rencontrèrent, à droite ou à gauche, sur sa route. Elles firent peu de résistance, sauf Philipsbourg : si bien qu'en cette seule expédition il se rendit maître d'une grande partie du Brisgaw et de l'Ortnaw, du marquisat de Baden, du palatinat du Rhin, du landgraviat de Darmstadt, de l'électorat de Mayence et de tout le cours du Rhin depuis Strasbourg jusqu'auprès de Coblentz, dans l'électorat de Trèves, c'est-à-dire de plus de cinquante lieues de pays. Il donna ordre alors qu'on ramenât son armée en France, et il s'en retourna à la cour (16 octobre) pour y recevoir ses récompenses et les acclamations populaires, laissant de nouveau Turenne sur la frontière avec les 5 ou 6,000 hommes qui lui restaient pour la garder.

La renommée, souvent injuste, a fait du duc d'Enghien le héros des combats de Fribourg. Il nous semble, toutefois, que la plus grande part de l'honneur en ces trois meurtrières journées doit revenir à Turenne. Lui seul obtint des succès décisifs, qui le fussent devenus plus encore sans l'imprudence d'un lieutenant du duc, lequel manqua de tout perdre. Que l'on considère en outre avec quelles faibles forces il remporta ces avantages, tandis que son rival en gloire mit en jeu, là comme ailleurs, des soldats d'élite et spécialement choisis pour lui. « La grosse armée, constate Michelet, armée privilégiée, celle qu'on nourrissait, — les autres jeûnaient, — était, chaque année, celle du duc d'Enghien. En mai ou en juin, emmenant une troupe leste, un gros renfort, parfois de 8 à 10,000 hommes, plus un tourbillon de noblesse, tous les jeunes volontaires de France, il partait de Paris, volait à l'ennemi. Une telle mise en scène exigeait un succès immédiat. Donc, sans tourner ni rien attendre, souvent par le point difficile, on attaquait sur l'heure, et on l'emportait à force de sang. C'est l'histoire uniforme de Fribourg, de Nordlingen, de Lens. » Les victoires de Turenne exigèrent d'autres soucis, car il ménageait extrêmement ses hommes, étant surtout un tacticien. Si le duc d'Enghien fut le vainqueur de Fribourg, il le dut surtout à Turenne, comme il avait dû auparavant la victoire de Rocroi à Gassion et à Sirot, deux officiers de fortune. Le grand Condé figure, assurément, au premier rang des généraux de son siècle, mais il a par trop absorbé dans son rayonnement propre la part de mérite qui revient légitimement à ceux qui combattirent à ses côtés.

Le départ du duc ayant permis à Mercy de rétablir son armée, il en profita pour se rapprocher du Rhin ; après avoir menacé à la fois trois ou quatre de nos places, il se décida tout à coup à se jeter sur Manheim, où nous n'avions pu mettre pour toute garnison que quatre compagnies, dont les officiers se sauvèrent à l'approche des Bavarois, lesquels ensuite s'emparèrent aisément de la ville. D'un autre côté Gleen, général des Impériaux, avait joint son armée à celle que le duc de Lorraine commandait en personne sur la Moselle. Il était donc à craindre que ces trois généraux, unissant leurs forces, vinssent en bloc accabler nos troupes ou que, agissant séparément, l'un d'eux ne nous surprît tandis que nous surveillerions les autres. Turenne demanda du renfort, déclarant qu'il ne pourrait probablement pas empêcher que plusieurs de nos places eussent le même sort que Manheim. La cour lui fit répondre qu'on avait besoin de troupes ailleurs, qu'il agît de son mieux, qu'on ne lui demandait pas davantage. Ainsi abandonné, Turenne ne se découragea point. Se multipliant au contraire, pour ainsi dire, par son activité, il réussit à sauver Spire, attaqué par les Bavarois, à faire lever le siège de Baccarach, investi simultanément par Gleen et par le duc de Lorraine, et à reprendre Creutznach, que le régiment de Nettancourt avait abandonné. Enfin, dès le mois de mars 1645, il se décida à reprendre l'offensive, quels que pussent être les risques d'un aussi audacieux parti. Il enleva d'abord par escalade Germesheim, un peu au-dessus de Philipsbourg, passa le Rhin à Spire et fit marcher son petit corps de troupes sur Pforszheim, dans le marquisat de Baden ; Mercy se retira aussitôt au delà du Necker, nous abandonnant ce qui était en deçà. Turenne, entré dans la Souabe, fait lever le siège du château de Magold aux Bavarois, s'empare de Stuttgard, dans le duché de Wurtemberg, passe le Necker, prend d'emblée Suabschall, puis, forçant Mercy à reculer jusqu'à Dunckelspield, s'avance vers le Tauber, dans la Franconie, y enlève Rottembourg et Mariendal. Il s'établit dans cette dernière place, pour avoir derrière lui les Etats de la landgrave de Hesse, notre alliée, et dissémine ses éclaireurs et quelques partisans à travers la Souabe, la Franconie et les pays environnants, ce qui lui procure des provisions en abondance. Si bien qu'avec un aussi petit nombre de troupes non seulement il conserve toutes les places conquises, mais encore il réussit à en enlever cinq autres fort considérables, d'où il pousse des courses hardies jusqu'aux portes de Wirtzbourg, de Nuremberg et de plusieurs autres grosses villes, qu'il met à contribution. Jamais encore il n'avait donné autant de preuves des multiples ressources de son génie.

Ces heureux succès furent suivis d'un revers de fortune que Turenne avait prévu, contre lequel il s'était précautionné, mais qu'il ne put néanmoins éviter. Ses troupes fatiguées lui demandaient de les laisser se reposer dans les petites places des environs, et il s'y refusait de crainte que l'ennemi ne revînt attaquer ses quartiers lorsqu'ils seraient séparés. Sur les instances répétées d'un vieil officier, le général-major Rosen, qui, après avoir battu la campagne assez loin, l'assura que l'ennemi était lui-même disséminé sur divers points distants de plus de seize lieues, et qu'ainsi on aurait le temps d'être avisé de son retour, s'il en préparait un, Turenne y consentit. Toutefois, ap-

préhendant toujours une surprise, il retint autour de lui
l'artillerie et l'infanterie, défendant en outre que la cavalerie s'éloignât de plus de deux ou trois lieues de Mariendal, dont il fit son quartier-général, et commandant aux
officiers de s'y rendre en diligence au premier ordre qu'ils
en recevraient. Mais cette séparation s'était à peine opérée
qu'il la regretta. Dès le lendemain, il voulut examiner le
pays par lui-même. Il prit la grand'garde de l'armée et
s'avança de trois lieues sur le chemin par où on le pouvait
venir attaquer; puis, n'ayant rien découvert de suspect,
il expédia quelques éclaireurs encore plus loin, avec
ordre de lui apporter des nouvelles certaines de l'ennemi.
L'officier qui commandait ce détachement passa la nuit à
la découverte et revint, vers cinq heures du matin, dire à
son général que Mercy s'avançait à grands pas avec
toutes ses troupes et n'était plus très éloigné.

A cette nouvelle, Turenne se lève en toute hâte; il
envoie ordre à tous les quartiers de rallier Herbsthausen,
village occupé par la grand'garde à une lieue et demie de
Mariendal, et commande au général-major Rose de s'y
rendre en diligence pour y recevoir les troupes à mesure
qu'elles arriveraient. Rosen commença par reconnaître
la disposition des lieux, et, ayant vu qu'une assez grande
plaine s'étendait au delà d'un bois situé en tête de la
grand'garde, il lui fit passer ce bois, qui avait environ
six cents pas de longueur, et commença à ranger quelques régiments dans la plaine; grave faute, qui exposait
à découvert le petit nombre de nos troupes, au lieu que,
si l'on fût resté en deçà du bois et qu'on en eût fermé l'entrée
avec trois ou quatre bataillons, l'ennemi, craignant que
des forces considérables se trouvassent massées par
derrière, n'aurait peut-être pas osé attaquer et se serait
retiré sans combattre. En arrivant sur les lieux, Turenne
comprit toute la portée d'une pareille faute et, sans
perdre son temps à d'inutiles reproches, il allait donner
ordre de faire repasser le bois aux soldats lorsque,
découvrant l'avant-garde ennemie à un quart de lieue à

peine, il vit bien qu'il ne lui restait plus assez de temps
pour exécuter cette manœuvre et que le seul parti qui lui
restât était de ranger promptement en bataille le petit
nombre de gens qui étaient là ; il n'avait sous la main
que 3,000 hommes d'infanterie et sept ou huit régiments
de cavalerie. Il voulut au moins profiter de quelques
avantages du terrain : il logea dans un petit bois, à sa
droite, toute son infanterie, soutenue seulement par deux
escadrons, composa son aile gauche de toute la cavalerie,
qu'il mit sur une seule ligne, excepté deux autres escadrons, dont il fit une sorte de seconde ligne, et attendit
ainsi l'ennemi.

Le général de Mercy, qui avait eu le temps de ranger
régulièrement son armée pendant que Turenne prenait
ces dispositions, commença par nous canonner ; mais,
voyant que son artillerie ne produisait pas grand effet,
qu'il nous arrivait à chaque instant de nouveaux renforts,
lesquels eussent pu, à la fin, rendre notre armée égale en
nombre à la sienne, il se mit à la tête de son infanterie
pour aller attaquer le petit bois, dont il fallait absolument
qu'il se rendît le maître afin de pouvoir faire agir son aile
gauche. Turenne marcha en même temps avec sa cavalerie
contre l'aile droite de l'ennemi, l'enfonça, rompit tous les
escadrons, ébranla même la seconde ligne et prit douze
étendards ; mais, pendant qu'il écrasait ainsi la cavalerie
des Bavarois, notre infanterie, alarmée de ce que son général eût pris tant de précautions et se croyant par suite dans
un péril inévitable, jeta ses armes bas à la première attaque de l'ennemi et se sauva à travers le petit bois, que
Mercy put ainsi occuper. Il fit avancer alors toute la cavalerie de son aile gauche derrière la nôtre pour l'envelopper.
C'était tout ce qui restait de notre armée, l'aile droite n'exis-
tant plus. Turenne, qui venait de rompre la seconde ligne
de l'aile droite de l'ennemi comme la première, et qui n'a-
vait plus devant lui que trois escadrons de son corps de
réserve à défaire, ayant aperçu sa propre infanterie qui
jetait bas ses armes et le mouvement que Mercy commen-

çait pour le venir envelopper, cessa de combattre. Combi-
nant en ce même instant son plan de retraite, il commanda
à l'infanterie de marcher droit sur Philipsbourg sans s'arrêter ; il lui envoya Beauregard-Chabris pour la rallier, la
faire descendre sur le Rhin jusqu'à Mayence et la lui ramener dans le landgraviat de Hesse, où il résolut d'aller
avec toute sa cavalerie, quoiqu'il en fût à plus de trente
lieues et qu'il lui fallût traverser en entier la Franconie,
pays à la dévotion de son vainqueur. Suivant ce plan, il
ordonna à d'Espence de Beauveau de se mettre à la tête de
ses cavaliers, de passer le Tauber et le Mein et de ne s'arrêter qu'aux frontières hessoises; pour lui, s'étant placé à
l'arrière-garde, il repassa le bois en soutenant avec quelques escadrons tous les efforts de l'ennemi, qui le pour-
suivait. Mais il fut bien surpris lorsque, étant arrivé à la
sortie de ce bois, il se vit coupé par un corps de cavalerie
auquel Mercy venait de le faire contourner; il se trouvait,
de la sorte, entre deux feux. Par bonheur, trois régiments
frais le rejoignirent en ce moment. Il prit donc le seul parti
qui lui restât, celui de s'ouvrir un passage de vive force,
ce qu'il exécuta très vigoureusement, sans grandes pertes ;
après quoi il gagna Mariendal. Il passa ensuite le Tauber,
non sans avoir encore à repousser deux ou trois fois les
Bavarois, et continua sa retraite en faisant tête à l'ennemi
à tous les défilés, ralliant à droite et à gauche tous ceux
qui s'écartaient. Turenne gagna ainsi le Mein, qu'il traversa
à un gué; là, craignant d'être relancé par un trop fort parti
de cavalerie, il demeura deux jours entiers dans les bois
avec 1,500 chevaux avant que d'entrer dans la Hesse, où
il rejoignit enfin ses troupes. Il comptait bien que l'ennemi
ne manquerait pas de l'y poursuivre, dans l'espoir d'achever sa défaite, ce qui mettrait du moins nos conquêtes du
Rhin en sûreté et, d'autre part, forcerait la landgrave de
se joindre immédiatement à nous pour défendre son propre
pays.

En effet, Turenne n'était pas plus tôt arrivé dans le comté
de Waldeck que Mercy accourut assiéger Kircheim. L'ar-

mée française était réduite à trois mille cavaliers et mille deux cents fantassins. La landgrave se trouva donc obligée de secourir elle-même sa place. Pendant ce temps, Turenne manœuvrait si bien qu'il réussit à décider le comte de Kœnigsmarck, général suédois dont les troupes hivernaient dans le duché de Brunswick, à sortir aussi de ses quartiers et à joindre les 4,000 hommes qu'il commandait aux 6,000 hommes que la landgrave lui envoyait sous la conduite du général Géis. A la tête de cette nouvelle armée, Turenne marcha sur Kircheim, que Mercy abandonna aussitôt. Nos soldats, qui n'ignoraient point que la disgrâce de leur chef à Mariendal provenait en grande partie de son excès d'humanité envers eux, brûlaient du désir d'une revanche; ils demandaient qu'il les menât en Franconie, où l'ennemi s'était retiré. Mais comme Turenne reçut alors un ordre de la cour de ne rien entreprendre avant l'arrivée d'un recours de 8,000 hommes que lui amenaient le duc d'Enghien et le maréchal de Grammont, il lui fallut calmer l'ardeur de ses troupes. Toutefois, pour satisfaire d'une façon quelconque leur impatience, il les conduisit au-devant du duc, pour hâter la jonction des deux corps et avancer la poursuite de l'ennemi. Il repassa donc le Mein et traversa le pays de Darmstadt et le Bergstraass; chemin faisant, il prit Wenheim. Enfin, il arriva à Spire, où le duc le rejoignit. Les deux généraux marchèrent immédiatement vers Heilbronn, dans le dessein d'y passer le Necker; mais l'ennemi, qui les avait prévenus, tenait son armée rangée en bataille sur les hauteurs. L'armée française descendit deux lieues plus bas, s'empara de la petite ville de Wimpffen et y construisit un pont. Voyant que nous avions un passage sur le Necker, le général de Mercy s'en retourna de nouveau à plus de vingt lieues de là, à Feuchtwang, en Franconie.

Le caractère altier du jeune duc d'Enghien faillit gâter tout dès ce début. Enorgueilli de son rang, de son entourage et de ses triomphes, il traita avec une telle hauteur Géis et Kœnigsmarck que ces deux généraux déclarèrent qu'ils allaient quitter notre armée sur-le-champ et emmener avec eux leurs troupes. Le duc, exaspéré, voulait qu'on les chargeât, pour les retenir par la crainte d'être taillés en pièces. Mais Turenne réussit à lui faire comprendre que les étrangers n'étaient point accoutumés à se voir traités de pareille façon; il parla aux deux généraux avec sa douceur et sa politesse ordinaires pour calmer leur juste ressentiment. Géis consentit à rester; quant au comte de Kœnigsmarck, faisant monter un fantassin en croupe derrière chacun de ses cavaliers, il se retira sans vouloir rien entendre à Bremen, dans la Basse-Saxe. Après le départ des Suédois, l'armée française se dirigea avec les Hessiens sur le Tauber, s'emparant de toutes les villes qui se trouvaient sur sa route. L'ennemi ne défendit que Rottembourg; mais cette place ayant été prise d'assaut en une nuit (16 juillet), Mercy décampa de Feuchtwang et se retira du côté de Donawen, après avoir jeté beaucoup de troupes dans Dunckelspield, persuadé que nous allions faire le siège de cette ville et que nous n'aurions garde de nous engager entre son armée et une place où il avait mis une si grosse garnison. En effet, nous y ouvrîmes la tranchée; mais dès le soir même, ayant été avertis que Mercy s'avançait vers Nordlingen, toute l'armée se mit en marche à minuit, dans le dessein de prévenir l'ennemi. A la pointe du jour, on découvrit son avant-garde. Mercy aperçut les Français en même temps, et, comme l'endroit où il se trouvait lui était très favorable, il y rangea son armée en bataille, résolu de nous y attendre. Il avait une rivière devant lui, et de grands étangs à sa droite et à sa gauche. Comme on ne le pouvait aborder par aucun côté, Français et Bavarois firent avancer leur artillerie. On se canonna pendant toute la journée, avec une perte à peu près égale de part et d'autre; puis, comme ce feu ne servait à rien, le lendemain (3 août), deux heures avant le jour, l'armée française délogea afin de gagner Nordlingen, où il était aisé d'arriver avant l'ennemi. Elle s'installa, en effet, dès neuf heures du matin, dans la grande plaine qui longe

cette ville ; et, sur le midi, on apprit que Mercy, persuadé
que les Français allaient s'attacher au siège de la place,
venait de passer la petite rivière de Wernitz et commençait
à faire travailler activement aux retranchements d'un camp,
déjà très avantageux, qu'il avait occupé à deux lieues au
delà et d'où il se disposait à nous disputer la prise de la
ville. L'armée française se rangea aussitôt en bataille et
marcha à l'ennemi, laissant ses bagages derrière elle dans
les villages de Petizheim et de Mexcinghen. Sur les quatre
heures, elle se trouva en présence de ses adversaires, et
ses éclaireurs reconnurent la disposition de leur camp.

Vers le milieu de la plaine de Nordlingen, qui est très
étendue, se trouve un vallon d'une médiocre grandeur,
devant lequel s'élève Allerheim, gros village flanqué de
deux montagnes : la montagne de Wineberg, qui est fort
haute, à droite, quand on va du village à Nordlingen, et la
montagne sur laquelle se trouve le château, à gauche. Ces
deux hauteurs se dressent à un quart de lieue l'une de
l'autre, et le village est plus avancé vers Nordlingen d'environ trois cents pas. Le terrain qui sépare le château
d'Allerheim du village est absolument plat, tandis que celui
qu'on rencontre de l'autre côté forme une pente descendant
insensiblement de la montagne de Wineberg jusqu'à Allerheim. C'est là que Mercy avait pris situation. Son aile
droite, commandée par le général Gleen, s'étendait jusque
sur le haut de Wineberg, et son aile gauche, sous les ordres
du fameux Jean de Werth, jusqu'au château d'Allerheim.
Le corps de bataille, qu'il dirigeait en personne, occupait
le vallon, qui faisait centre et, par conséquent, avait à sa
tête le village. Les deux ailes étaient entièrement compo-
sées de sa cavalerie, sauf quelques bataillons de fantassins
placés aux extrémités ; tout le reste de son infanterie formait le corps de bataille. De plus, il avait logé quelques
bataillons dans le village et jeté quantité de mousquetaires
dans l'église et le cimetière, fermé de murailles. Enfin, il
avait élevé de solides retranchements au front de toutes
ses troupes, et ceux des deux montagnes étaient bordés

de canons, ainsi que le rideau qui règne de l'une à l'autre.
C'est dans cette forte position qu'il prétendait nous recevoir, si nous venions à lui, ou demeurer campé, si nous
entreprenions le siège de Nordlingen. Son armée comptait
15,000 hommes, et l'armée française s'élevait à 17,000 combattants. Turenne était d'avis qu'on ne pouvait engager
une affaire générale avec un ennemi ainsi posté et retranché. Mais le duc d'Enghien et le maréchal de Grammont
firent décider par le conseil la bataille. Il fut donc résolu
que l'on marcherait immédiatement en avant ; que Grammont commanderait l'aile droite, Turenne l'aile gauche,
le comte de Marsin le corps de bataille et le chevalier de
Chabot le corps de réserve. Quant au duc d'Enghien, il
ne choisit aucun poste pour lui, disant qu'il voulait être
partout ce jour-là.

Il était déjà cinq heures de l'après-midi quand tout fut
en état de notre côté. Les Français commencèrent alors à
canonner le village, ce qui ne dura qu'une demi-heure,
car les batteries de l'ennemi, dressées les premières,
avaient beaucoup d'avantages sur les nôtres. Voyant qu'on
n'avançait à rien avec l'artillerie, le duc fit attaquer Allerheim par quelques bataillons à la tête desquels marchait
le comte de Marsin. Les premiers retranchements furent
bientôt forcés : mais, quand on arriva auprès des maisons,
qui étaient percées et crénelées, l'ennemi fit de si furieuses
décharges de mousqueterie que nos fantassins s'arrêtèrent
d'abord tout court, plièrent ensuite et, enfin, reculèrent.
Marsin se trouvant très dangereusement blessé, le duc y
envoya le marquis de La Moussaye avec un renfort de
quelques régiments, qui ne purent pas plus soutenir le feu
que les précédents ; La Moussaye fut même mis hors de
combat, ce que voyant le duc d'Enghien mena lui-même nos
bataillons à la charge en se faisant suivre de toute l'infanterie. De son côté, Mercy accourut alors avec tout son
corps de bataille. Le combat devint sanglant et opiniâtre.
Le duc reçut quelques coups dans ses habits et eut deux
chevaux blessés sous lui ; en même temps, Mercy était tué

d'un coup de mousquet. Sa mort excita une telle fureur chez ses soldats qu'ils fondirent comme un ouragan sur nos troupes; la lutte tourna, désormais, au carnage. D'Enghien y accomplit des actes d'audace incroyables; mais sa valeur ne put empêcher la plus grande partie de notre infanterie d'être taillée en pièces ni toute notre cavalerie d'être entièrement défaite par Jean de Werth qui, à la tête de son aile gauche, culbuta du premier choc notre aile droite, fit prisonnier le maréchal de Grammont qui la commandait, battit le chevalier de Chabot à la réserve et pénétra jusqu'à nos bagages avec quelques escadrons qui se mirent à les piller. Pendant ce temps Turenne, avec notre aile gauche toute composée d'Allemands, avait marché à la montagne de Wineberg contre l'aile droite ennemie et, essuyant les décharges continuelles de leur artillerie sans s'arrêter un moment, avait eu un cheval blessé sous lui et reçu une mousquetade dans sa cuirasse, ce qui ne l'avait point empêché d'arriver en bon ordre au haut de la montagne. Le duc d'Enghien, qui n'avait plus rien à faire ni à l'aile droite ni au corps de bataille, vint le rejoindre. Ce prince se mit à la tête de la seconde ligne. Turenne, ayant mené la première à la charge, rompit de son choc tous les escadrons ennemis qui étaient sur la montagne, défit l'infanterie qui s'y trouvait aussi, fit prisonnier le général Gleen, gagna l'artillerie, la fit pointer contre le reste de cette aile qui s'étendait jusqu'au village, puis, prenant ses adversaires en flanc, les poussa si vigoureusement qu'ils furent contraints d'abandonner le champ de bataille et de se retirer à plus de cinq cents pas d'Allerheim. Les régiments qui s'étaient retranchés dans l'église et le cimetière, se voyant près d'être forcés, se rendirent à discrétion. Jean de Werth, ayant appris ce qui se passait au Wineberg, y accourut avec son aile victorieuse : mais le jour était déjà fini lorsqu'il y arriva, et la partie perdue pour les siens. Il trouva, en effet, les choses dans un si grand désordre qu'il crut ne pouvoir faire rien de mieux que de profiter de la nuit pour gagner Donnawerth et sauver les débris de son armée en se retirant au delà du Danube. Turenne le poursuivit jusqu'au bord de ce fleuve avec 3,000 chevaux, et ne revint qu'après l'avoir vu passer de l'autre côté avec toutes ses troupes. Après cette retraite précipitée de l'ennemi, Nordlingen et Dunckelspield ouvrirent leurs portes.

Voltaire a écrit à ce sujet, dans son *Siècle de Louis XIV* : « Cette bataille mit le comble à la gloire de Condé, et fit celle de Turenne, qui eut l'honneur d'aider puissamment le prince à remporter une victoire dont il pouvait être humilié. Peut-être ne fut-il jamais si grand qu'en servant ainsi celui dont il fut depuis l'émule et le vainqueur. Le nom du duc d'Enghien éclipsait alors tous les autres noms. » Ici encore, l'impartiale Histoire doit restituer à chacun l'honneur qui lui appartient. A Nordlingen, moins encore qu'à Fribourg, le doute n'est plus permis. Le duc d'Enghien, personnellement, avait été défait, et ce fut Turenne qui rétablit nos affaires perdues; lui seul décida du gain de la journée. Il est impossible, en dépit d'une tradition véritablement trop obstinée, de conclure contre les faits.

Le duc d'Enghien tomba malade quelques jours après : il se fit porter à Philipsbourg, et ensuite à la cour, suivant son habitude. Il laissait son corps d'armée sous la conduite de Grammont, qui avait été échangé contre le général Gleen.

A la suite de la victoire de Nordlingen, le duc de Bavière, redoutant que les Français occupassent son pays, demanda un renfort à l'Empereur, l'avisant que s'il n'était pas promptement secouru il se verrait obligé de s'accommoder avec nous. L'Empereur, qui venait de faire sa paix avec les Hongrois, lui expédia immédiatement un important corps de cavalerie et de dragons sous le commandement de l'archiduc Léopold, qui prit Galas avec lui ; comme il ne menait point d'infanterie, ce prince eut bientôt rejoint Gleen, Jean de Werth et les Bavarois. Secondé par ces habiles généraux, il n'hésita point à reprendre l'offensive. Cela lui était aisé, d'autant plus que Grammont et Turenne,

dont les troupes se trouvaient inférieures aux siennes au
moins de moitié, se retirèrent sur le Rhin pour s'abriter
sous le canon de Philipsbourg. Là, ils envoyèrent chercher
des bateaux à Spire pour jeter un pont ; mais à peine leur
en avait-on amené quelques-uns que l'archiduc arriva avec
toute son armée et campa à une demi-lieue de la ville,
entre Philipsbourg et le fleuve. Turenne se retrancha à la
hâte et réussit à faire passer ses bagages de l'autre côté
du Rhin à la faveur de son retranchement et du canon de
la place ; puis, Grammont passa lui-même avec le corps
du duc d'Enghien et la cavalerie de Turenne, qu'il mena
à Landau. Léopold resta deux jours à tâter de tous côtés
le camp de Turenne ; désespérant enfin de le pouvoir forcer
par aucun endroit, il rebroussa chemin et marcha sur
Wimpffen, qu'il assiégea. Comme toute notre grosse artillerie était dans cette place, Turenne, pour empêcher sa
prise, envoya chercher sa cavalerie à Landau. Ses cavaliers français arrivèrent ; mais les cavaliers allemands refusèrent d'obéir à leurs officiers, qui les voulaient ramener.
Wimpffen n'ayant donc pu être secourue, l'archiduc l'enleva au bout de huit jours ; après quoi, ayant passé le
Necker, il reprit Dunckelspield et Nordlingen, puis continua sa route vers la Bohême pour y prendre ses quartiers
d'hiver. Le maréchal de Grammont s'en retourna également en France avec le corps du duc d'Enghien ; Turenne
resta seul, de nouveau, avec le sien sur le Rhin. On était
impatient de voir quel châtiment il infligerait aux auxiliaires allemands, dont la désobéissance avait causé la
perte de Wimpffen et celle de notre grosse artillerie : mais
Turenne, qui avait encore besoin d'eux pour le succès
d'une entreprise dont il méditait depuis longtemps le plan,
dissimula pour l'instant son juste ressentiment.

Cette entreprise était le rétablissement de l'Électeur de
Trèves, dépouillé depuis plus de dix ans de ses États par
l'Empereur et le roi d'Espagne, qui avaient voulu le punir
ainsi de son alliance avec la France. Turenne marcha
donc sur Trèves, quoiqu'il s'en trouvât éloigné de qua-

rante lieues et que le froid fût très rigoureux pour la saison. Laissant derrière lui quelques troupes pour garder les passages du Rhin et ses bagages, il ne mena avec lui que très peu d'infanterie pour arriver plus vite; toutefois, il fit venir un corps de l'armée du duc d'Enghien, laquelle se tenait à Metz, d'où il fit aussi descendre du canon par la Moselle. Il se donna le soin de tout le détail du siège, se saisit des passages par où l'on pouvait secourir la place, puis l'investit. Ayant su que l'ennemi se rassemblait afin d'entraver son opération, il ordonna au colonel Schüts de passer la Moselle avec ses Allemands, lesquels, désireux de faire oublier leur mutinerie, ne demandaient plus qu'à combattre. Schüts, ayant joint l'ennemi, le dispersa entièrement; et même il l'eût taillé en pièces si les Impériaux ne se fussent jetés dans les bois, dont le pays est tout couvert. Le gouverneur de Trèves, ne comptant plus sur aucun renfort, demanda à capituler et se rendit le 20 novembre. Turenne remit ainsi l'Électeur en possession de ses États, et une médaille commémorative fut frappée en l'honneur de cet exploit, avec cette devise : *Tutelæ Gallicæ fidelitas*, et cet exergue : *Elector Trevirensis in integrum restitutus. M.DC. XLV.* Cet heureux rétablissement raffermit la fidélité de nos alliés, frustra le duc de Lorraine des quartiers qu'il avait compté prendre dans l'électorat, et fit de la Moselle une nouvelle barrière à la France. Turenne construisit près du pont de Trèves un réduit dans lequel il laissa cinq cents hommes; puis, il prit encore Oberwesel, autre forteresse occupée par l'ennemi en deçà du Rhin, renforça la garnison de Philipsbourg, visita toutes nos autres places, les mit en état de défense et, finalement, distribua son armée le long du Rhin et de la Moselle.

Cette utile besogne terminée, il jugea à propos d'aller à son tour en France, et il se rendit à la cour au commencement du mois de février 1646.

Il y fut reçu avec tous les applaudissements que méritait sa glorieuse campagne. Mais Turenne n'avait pas fait uniquement ce voyage pour recueillir des faveurs et des éloges, si mérités qu'ils fussent : son but était de représenter au premier ministre qu'il ne pourrait jamais rien faire de profitable en Allemagne tant que notre armée et celle des Suédois, nos alliés, agiraient séparément. Ses raisons furent goûtées par le cardinal Mazarin, lequel jouissait auprès de la reine-régente d'une autorité égale à celle que Richelieu avait eue sous le règne précédent. La jonction des deux armées fut donc résolue ; quant au mode d'exécution de cet important projet, le ministre s'en remit entièrement à la prudence de Turenne. Toutefois, comme il voulait reconnaître par une récompense spéciale les services rendus à la Couronne par l'illustre général, il lui offrit le duché de Château-Thierry. Il y avait peu de cadets, même de maisons souveraines, qui n'eussent accepté un semblable apanage avec joie. Néanmoins, comme ce duché était du nombre des terres que le Conseil du roi avait proposé de joindre ensemble pour en faire l'équivalent qu'on devait donner au duc de Bouillon en échange de Sedan, Turenne, appréhendant que ce qu'il accepterait diminuât d'autant la compensation de son frère, remercia le cardinal ; et, quoique celui-ci l'assurât qu'on remplacerait le duché de Château-Thierry par quelque autre fief, il persista dans son refus avec la même générosité, déclarant qu'il ne recevrait rien tant que l'affaire de l'échange ne serait point terminée. Quelques jours après, il retournait sur le Rhin.

IV

FIN DE LA CAMPAGNE D'ALLEMAGNE. — BATAILLE DE LAWINGHEN. — SÉDITION ET CHÂTIMENT DES AUXILIAIRES ALLEMANDS. — BATAILLE DE SOMMERSHAUSEN. — TRAITÉ DE MUNSTER.

Turenne arrivait au commencement d'avril. Après avoir rassemblé son armée aux environs de Mayence et fait descendre un pont de bateaux auprès de Baccarach, il expédia un homme de confiance au général Wrangel, qui commandait l'armée suédoise, pour lui faire part de son dessein de passer le Rhin, de traverser le comté de Nassau et de l'aller trouver dans la Hesse pour opérer dorénavant de concert. La jonction était décidée et le maréchal se disposait à l'exécuter lorsque le cardinal, se fiant à la promesse que lui faisait le duc de Bavière de ne pas joindre son armée à celle de l'Empereur si la nôtre demeurait en deçà du Rhin, lui envoya l'ordre de ne point passer le fleuve, d'abandonner momentanément son plan et d'aller assiéger Luxembourg. Turenne, très surpris de ce changement, pénétra sur-le-champ l'artifice du Bavarois; néanmoins, pour ne pas contrevenir à un ordre aussi positif, il garda sa position : mais, comme il était persuadé que le siège de Luxembourg, dans l'état présent des choses, eût causé la ruine entière de nos affaires en Allemagne, il se garda bien de l'entreprendre. Cependant, tandis que le duc de Bavière amusait Mazarin par de belles paroles, son armée marchait toujours, et, dès qu'elle eut rejoint celle de l'Empereur en Franconie, les Impériaux et les Bavarois avec toutes leurs forces réunies se postèrent entre nous et l'armée suédoise; de sorte que notre pont sur le Rhin nous devint inutile, puisque nous ne pouvions plus gagner la Hesse par le comté de Nassau, que l'ennemi occupait.

Le maréchal revint alors à son premier plan, et il en avisa le cardinal; puis, sans attendre sa réponse, il laissa une partie de son infanterie à Mayence et marcha avec le reste et toute sa cavalerie vers la Moselle, qu'il passa à un gué, à six lieues au-dessus de Coblentz. Il traversa l'électorat de Cologne et le comté de Meurs; là, ne pouvant compter passer le Rhin que par les villes de Hollande, il envoya demander permission aux Hollandais de le traverser à Wesel, où il arriva après quatorze jours de marche. En même temps, il dépêcha un courrier à Wrangel pour l'informer de son dessein; après quoi il passa le Rhin, le 15 juillet, et marcha par le comté de La Marck, le long de la rivière de Lippe, jusqu'à Lipstadt: prenant alors sur la droite, il traversa toute la Westphalie. C'est après avoir trompé l'ennemi par un si grand détour qu'il rejoignit l'armée suédoise sur les frontières de la Hesse, entre Weslar et Giessen, où le général Wrangel, serré de près par les Impériaux et les Bavarois, se tenait retranché dans une position avantageuse en nous attendant. A la nouvelle de cette jonction, l'ennemi se retira à six lieues plus loin, près de la ville de Friedberg. Nous n'avions que 15,000 hommes, et l'armée ennemie était forte de 24,000 combattants. Néanmoins, Turenne résolut de l'attaquer et de forcer tout ce qui s'opposerait à sa marche vers le Mein, afin de pouvoir faire venir le reste de son infanterie, demeurée à Mayence. Il marcha donc avec Wrangel sur Friedberg; mais l'archiduc Léopold, nous voyant si près de lui, bien loin d'accepter la bataille, ne s'occupa qu'à faire encore creuser nuit et jour les retranchements de son camp, « où il était déjà pourtant, suivant la pittoresque expression de Raguenet, presque tout à fait enterré avec son armée. » Turenne, qui ne voulait que le passage et qui n'eût eu garde de se flatter qu'on ne le lui disputerait pas, laissa l'archiduc se terrer à son aise et continua sa marche vers le Mein, où, étant arrivé entre Francfort et Hanau, il fit venir son infanterie de Mayence, qui n'était qu'à *dix lieues de là. Toutes nos troupes étant ainsi groupées, Turenne et Wrangel passèrent le Rhin avec les deux armées et prirent les villes de Selingeustadt et d'Aschaffembourg, dans l'électorat de Mayence.

On peut se figurer quelle alarme se répandit dans tout le pays, dont les habitants se croyaient assurés d'une entière tranquillité sous la protection de deux armées auss puissantes que celles de l'Empereur et du duc de Bavière, qui le couvraient. Les paysans se réfugièrent en foule dans les villes; mais les magistrats de ces villes venaient au-devant de nous nous en apporter les clés. Toutefois, comme l'armée française n'eût pas tardé à se fondre si l'on eût laissé des garnisons dans toutes ces places, le maréchal se contenta de faire sauter les fortifications des unes et d'emmener les principaux habitants des autres comme otages. Ces otages, voyant que nous ne comptions pas 18,000 hommes, ne pouvaient comprendre comment, avec si peu de forces, nous avions réussi à soumettre une aussi grande étendue de pays. Cependant le duc de Bavière, informé de notre passage du Mein, avait envoyé rompre les ponts de Dilinghen et de Hochstedt sur le Danube, lesquels étaient la seule barrière qui restât entre nous et ses États. Il fit transporter de Munich à Burckhausen ce qu'il avait de plus précieux et, en même temps, adressa de grandes plaintes à l'Empereur contre l'archiduc Léopold, qui avait si mal défendu l'Allemagne. En effet, en nous laissant passer à Friedberg, il nous avait ouvert les trois Cercles de Franconie, de Souabe et de Bavière; les places y regorgeaient de toutes sortes de provisions, parce que l'ennemi n'avait pris aucune précaution pour en empêcher le pillage, les croyant fort en sûreté derrière toutes les forces de l'Empire, qui devaient défendre le passage du Mein. Nous y aurions donc pu faire un butin inestimable, et Turenne en eût tiré pour lui seul, s'il l'avait voulu, plus de cent mille écus de contributions par mois, sans s'écarter en cela des usages ordinaires de la guerre; mais, par un désintéressement jusqu'alors sans exemple, le maréchal se contenta de tirer des villes où l'ennemi avait établi des magasins de quoi faire subsister son armée. Ensuite, pendant qu'au grand étonnement de toute l'Europe les Impériaux et es Bavarois demeuraient tranquilles dans le pays de Fulde, les troupes de France et de Suède, entrant dans la Franconie et dans la Souabe, prenaient de force Schorndorff, Dunckelspield et Nordlingen, malgré leur essai de résistance, puis passaient le Danube à Donnawerth et à Lawinghen, dont l'ennemi n'avait point encore fait rompre les ponts.

Le duc de Bavière n'eut pas plus tôt appris que nous avions passé le Danube qu'il se retira à Brunau, sur la rivière d'Inn, ne se croyant plus en sûreté dans sa capitale. Turenne et Wrangel, avançant toujours dans le pays, passèrent le Lech et se rendirent maîtres de Rain, la meilleure forteresse de la Bavière de ce côté-là ; et, voyant que l'archiduc ne tentait pas le moindre mouvement pour arrêter leurs progrès, ils marchèrent sur Augsbourg, en deçà du Lech, persuadés qu'ils forceraient cette place comme les autres si on leur en laissait aussi paisiblement faire le siège. Mais le duc avisa si nettement l'Empereur qu'il traiterait avec la France si on nous laissait prendre cette importante ville, entre laquelle et Munich il ne restait plus aucune place de défense, que Léopold reçut ordre aussitôt d'arrêter l'investissement. L'ordre étant absolu, il se résigna cette fois à acc or en Bavière, où on lui envoya encore des renforts considérables; il parut donc en vue d'Augsbourg avec une armée très supérieure à la nôtre. Turenne rétrograda à huit ou dix lieues de là, du côté de Lawinghen. L'archiduc passa alors le Lech, vint se camper aux environs de Memminghen où, ayant un grand magasin de vivres à Landsberg, il résolut de demeurer si longtemps que nous fussions obligés à sortir de la Bavière et à aller chercher des quartiers d'hiver au delà du Danube. Mais Turenne déjoua cette combinaison : il quitta Lawinghen, quoique la terre fût déjà toute couverte de neige (11 novembre), et marcha droit à l'ennemi. Léopold, qui avait devant lui de grands marais et de longs défilés, supposa que les Français allaient le venir attaquer dans cette position si avantageuse pour lui : afin de le confirmer dans cette supposition, Turenne et Wrangel, s'étant approchés à une lieue de son camp, laissèrent là 2,000 chevaux pour lui faire face et marchèrent avec tout le reste de l'armée vers le Lech; ils y trouvèrent le pont des Impériaux, sur lequel ils passèrent, s'avancèrent aussitôt jusqu'à Landsberg, qu'ils prirent par escalade, puis, s'étant ainsi emparés du magasin de l'ennemi, où ils trouvèrent des provisions suffisantes pour faire subsister nos troupes pendant six semaines, campèrent en cet endroit, d'où ils commencèrent à détacher des partisans qui s'avancèrent jusqu'aux portes de Munich. L'archiduc, surpris et dépourvu à son tour de vivres, avec deux grandes armées qu'il lui devenait impossible de ravitailler, se trouva obligé de déloger et de repasser le Lech pour regagner les pays héréditaires de sa maison où il mena hiverner les troupes de l'Empereur, laissant celles du duc de Bavière dans les États de ce prince. Celui-ci, ne pouvant plus espérer de secours, implora la paix, offrant même son alliance. Comme on ne comptait guère sur sa bonne foi, on exigea de lui la remise de Lawinghen, de Gundelsinghen et de Hochstedt, afin que, s'il venait à manquer de parole, les Français pussent le tenir par le moyen de ces places, qui leur ouvraient un passage dans ses États. A cette occasion, on fit frapper une nouvelle médaille commémorative avec cette légende : *Mars Expugnator*, et cet exergue : *XIII Urbes aut Arces captæ. M. DC. XLVI.* La paix ayant été ainsi conclue avec la Bavière, et les Suédois se trouvant en mesure de soutenir seuls la guerre contre l'Empereur en Allemagne, le cardinal Mazarin envoya l'ordre à Turenne de mener ses troupes dans les Flandres (1647), où notre armée n'était pas, à beaucoup près, aussi forte que celle des Espagnols, dont l'archiduc Léopold venait de prendre le commandement. Le maréchal se mit en devoir d'obéir ; mais, avant de se rendre à Philipsbourg pour y passer le Rhin, il enleva Béblighen et Tubingue, dans le duché de Wurtemberg ; Stenheim et Hoechst, sur le Mein ; Darmstadt, Gernsheim et quelques autres places de nature à assurer nos conquêtes le long du fleuve et à nous ouvrir divers passages dans le reste de l'Allemagne.

Turenne se préparait à gagner la Flandre lorsque, les Allemands à sa solde ayant témoigné assez ouvertement leur répugnance à l'accompagner aussi loin, Rosen, le plus accrédité d'entre eux, pensa que l'occasion était bonne pour lui de se rendre maître de ce corps d'auxiliaires, comme auparavant Bernard de Saxe-Weimar l'avait été. Dans ce but, il engagea ses compatriotes à refuser d'aller où on les voulait mener, sous prétexte qu'il leur était dû cinq ou six mois de leur paye ; si bien que, lorsque l'armée française, qui avait passé le Rhin à Philipsbourg, fut arrivée à Saverne, on vint prévenir le maréchal que les Allemands refusaient de marcher (5 juin). Turenne, bien éloigné de supposer que l'auteur de cette révolte fût Rosen, qu'il venait tout récemment de faire nommer lieutenant général de cavalerie, l'envoya vers les auxiliaires pour les remettre dans le devoir ; mais Rosen, au lieu de s'acquitter de sa mission, resta avec eux et envoya dire à son chef qu'ils le retenaient par force. Commençant même à donner des ordres comme un général qui ne reconnaît plus de supérieur, il fit marcher jour et nuit ses Allemands et les mena de l'autre côté du Rhin, qu'il passa au-dessous de Strasbourg. Le maréchal le poursuivit aussitôt avec le restant de ses troupes et, après une marche de quatorze lieues dans le même jour, joignit bientôt les rebelles. Rosen fut effrayé de cette arrivée soudaine, car il ne pouvait plus guère douter que sa perfidie ne fût connue ; néanmoins, s'imaginant qu'il pouvait encore la dissimuler, ou, plutôt, n'ayant ni assez de temps ni assez de liberté d'esprit dans une aussi grande surprise pour réfléchir sur le parti qu'il devait prendre : « Vous voyez, lui dit-il, comme « on m'emmène malgré moi ! » Turenne, qui n'était point sa dupe, mais qui avait encore besoin pour le moment de ces auxiliaires, feignit d'entrer dans son jeu. Il se contenta de prier Rosen de persévérer dans l'attachement qu'il avait jusque-là témoigné à la Couronne et d'employer ses bons offices auprès de ses compatriotes. Il renvoya toutes ses troupes, pour ne donner aucun ombrage aux Allemands, ne garda près de lui que quatre de ses domestiques et, marchant toujours avec Rosen sans le quitter d'un seul pas, parvint, par son attitude bienveillante à son égard, à le discréditer tellement auprès de ses propres soldats que ceux-ci le soupçonnèrent sur-le-champ de tramer quelque chose contre eux avec le maréchal, tant l'abandon de celui-ci leur parut étrange. Rosen eût bien voulu persuader à Turenne qu'il n'était pas en sûreté auprès de lui; mais Turenne lui fit comprendre qu'il ne redoutait rien de personne et continua de marcher à ses côtés. On arriva de la sorte à Etlinghen, petite ville du marquisat de Bade, à huit lieues de Philipsbourg; et là le maréchal, voyant que Rosen avait perdu la confiance de ses Allemands, fit venir de cette dernière place 100 mousquetaires, qui l'enlevèrent et le conduisirent dans la forteresse. Cet acte d'énergie eut un résultat immédiat : deux régiments auxiliaires, se rendant à un soudain sentiment de prudence, s'empressèrent de le reconnaître pour leur général et lui renouvelèrent leur serment de fidélité. Les autres, toutefois, prirent le chemin de la Franconie. N'ayant plus rien à ménager ni à attendre, Turenne se mit alors à la tête de ceux qui venaient de se rallier à lui, donna la chasse immédiatement aux transfuges et, les ayant atteints à Koningshoven, dans la vallée du Tauber, les fit charger, en massacra 300 et en fit un pareil nombre de prisonniers; le reste lui échappa par la fuite. Il aurait pu infliger à ses prisonniers le supplice des rebelles; mais, eu égard à leurs services passés, il leur pardonna et les incorpora dans ses propres troupes, qu'il alla rejoindre.

Étant enfin arrivé, au mois de septembre, dans le Luxembourg, il se rendit maître de la ville de Virton, du château de Manguin et de quelques autres places. L'archiduc, croyant qu'il avait de grands desseins sur cette province, fut obligé d'y envoyer un détachement de son armée; et, l'ayant ainsi affaiblie, il ne se trouva plus en état de rien entreprendre en Flandre, pas même de sauver les villes de Dixmude, de La Bassée et de Lens, qui furent prises par les maréchaux de Rantzau et Gassion.

La cour rendit toute la justice qu'elle devait à la conduite tenue par Turenne en cette circonstance : elle donna de grandes louanges à la prudence avec laquelle, prenant de sages tempéraments dans une conjoncture aussi délicate, il avait su si à propos dissimuler, punir, pardonner, ménager les esprits sans rien perdre de son autorité, faire des exemples sur les individus et conserver en même temps la confiance du corps. Pour mieux glorifier le souvenir de cette dernière campagne, elle fit frapper une troisième médaille avec la légende : *Diverso ex hoste*, et l'exergue : *XI Urbes aut Arces captæ. M. DC. XLVII.* Mazarin comptait ainsi, en comblant Turenne de faveurs, en faire le principal appui de son ministère.

L'année 1648 allait, du reste, assurer à Turenne un triomphe définitif. Le duc de Bavière, voyant que les troupes suédoises remportaient de très grands avantages sur celles de l'Empereur et redoutant qu'elles devinssent trop puissantes, avait joint son armée aux Impériaux, sans égard pour le traité qu'il venait de consentir avec la France et la Suède; le général Mélander, investi du commandement suprême, était entré dans la Hesse et avait repoussé Wrangel jusque dans le Brunswick. Turenne reçut ordre de courir au secours de notre allié. Il quitte aussitôt le Luxembourg, gagne le Palatinat, fait lever, chemin faisant, le siège de Worms aux Impériaux et aux Espagnols, et passe le Rhin à Mayence. A cette nouvelle,

les Impériaux et les Bavarois abandonnent la Hesse et se
retirent vers le Danube. Wrangel, se trouvant ainsi dé-
barrassé d'eux, traverse à son tour la Hesse et s'avance
jusqu'à Ghelenhausen, entre cette province et la Franconie,
où, étant rejoint par Turenne, le passage du Mein et la
poursuite de l'ennemi sont résolus. Mélander passe le
Danube à la hâte et marche vers Augsbourg. L'armée
franco-suédoise le relance sans perdre un instant et passe
le même fleuve après lui, à Lawinghen, où elle laisse ses
gros équipages, ses malades, tout ce qui pouvait l'em-
barrasser. Turenne et Wrangel prennent alors les devants
avec leur cavalerie, ordonnant à l'infanterie de les suivre
avec l'artillerie le plus promptement qu'il se pourrait.

On atteignit bientôt à Sommershausen l'arrière-garde
de l'armée ennemie, qui achevait de passer un bois sous
la protection de trente escadrons commandés par le comte
de Montecuculli. Turenne, dont le corps était d'avant-
garde ce jour-là, charge les trente escadrons à la tête de
sa cavalerie, les rompt, les met en désordre, les oblige à
se sauver au travers des bois et les poursuit jusqu'à une
petite plaine qui se trouvait au delà; mais là il rencontra
Mélander, qui accourait avec un renfort considérable de
cavalerie. Le combat fut sanglant en cet endroit, et le terrain longtemps disputé; mais, Mélander ayant été tué, sa
cavalerie gagna un second bois, au bout de la plaine, pour
se retirer à la faveur de l'infanterie des Impériaux, dont il
était bordé. Turenne pourchassa les fuyards jusqu'au bois,
où le feu des fantassins ennemis arrêta son élan; mais,
Wrangel ayant trouvé le moyen de pénétrer dans le bois
par un chemin détourné, les Impériaux, qui se virent pris,
perdirent courage. Tout ce qu'ils avaient là d'infanterie
fut taillé en pièces; leur artillerie et leurs bagages tom-
bèrent en notre pouvoir. Quant à leur cavalerie, on la
poussa l'épée dans les reins pendant une heure et demie.
On la mena ainsi jusqu'à un ruisseau très profond, où il
n'y avait qu'un seul gué fort étroit gardé par le duc de
Wurtemberg, général-major de l'armée impériale : ce

prince occupait au delà un solide retranchement avec sept escadrons et trois bataillons que nous ne pouvions forcer, faute de fantassins. On pointa sur lui le canon qu'on venait d'enlever à l'ennemi ; mais le duc laissa tuer la moitié de ses gens sans abandonner le passage : il essuya notre feu jusqu'à la fin du jour, eut cinq chevaux tués sous lui et, par cette intrépidité étonnante, empêcha l'anéantissement de ce qui restait des Impériaux, lesquels se retirèrent pendant la nuit vers Augsbourg et y passèrent le Lech. Turenne et Wrangel les poursuivirent sans relâche; mais ils n'eurent pas plus tôt traversé le Lech que l'ennemi, fuyant toujours, passa successivement l'Amber, l'Isar et l'Inn, puis se réfugia en Autriche, abandonnant toute la Bavière à notre entière discrétion.

Alors le duc de Bavière, ne trouvant plus de sûreté pour lui dans ses États, courut chercher un refuge à Saltzbourg. Il était âgé de soixante-quinze ans; mais sa persistante duplicité ne permettait pas de prendre en pitié son infortune.

De sa retraite, il dépêcha courriers sur courriers à l'Empereur, et il le pressa tellement d'accepter la paix qu'elle fut enfin conclue le 24 octobre, à Munster, entre l'Empereur, le roi de France et leurs alliés respectifs. La cour fit frapper une quatrième médaille en l'honneur de cette dernière campagne, avec la légende : *Victoria fractæ Fidei ultrix*, et l'exergue : *Pulso trans Œnum Bavaro. M.DC.XLVIII.* Toute l'Europe attribua justement le mérite de cette paix à la haute valeur du maréchal de Turenne.

Par le traité de Munster, le landgraviat d'Alsace, le Suntgaw, Brisach et la préfecture des dix villes impériales alsaciennes, ainsi que le droit de garnison dans Philipsbourg, étaient accordés à la France, avec tous les droits de souveraineté que l'Empereur et l'Empire pouvaient avoir sur Pignerol et sur les villes et évêchés de Metz, Toul et Verdun. On céda également à la landgrave de Hesse, notre alliée, l'abbaye d'Hirschfeld, avec le droit de

seigneurie sur quatre bailliages de la Westphalie. Quant
aux Suédois, nos autres alliés, on leur abandonna les du-
chés de Brème et de Werden, avec la ville de Wilshusen, la
ville et le port de Wismar, toute la Poméranie citérieure,
les îles de Rugen et de Wollin, les villes de Stettin, Gartz,
Dam et Golnau, ainsi que plusieurs autres avantages très
considérables. Nos guerres avec l'Empereur et l'Empire
finirent de cette façon. Le traité de Munster est plus connu,
aujourd'hui, sous le nom de traité de Westphalie.

V

La paix avec la maison d'Autriche permettait à Mazarin
de reporter toute son attention sur les affaires intérieures
du royaume, où les difficultés que lui suscitait la Fronde
allaient grandissant chaque jour. Tout changement de
gouvernement fait naître des espérances insensées, surtout lorsqu'une femme occupe le pouvoir, et les ambitions
déçues tournent bientôt au mécontentement. Cette fois,
l'agitation se transformait en révolte et en trahison. Il s'a-
gissait désormais de livrer une dernière bataille aux prétentions de l'aristocratie et du Parlement, de déblayer
définitivement la voie à la royauté absolue. C'est de cette
lutte que le cardinal réussit à sortir victorieux, après avoir
déployé tour à tour une fécondité de ressources, une patience et une énergie qu'on n'avait pas soupçonnées en
lui jusque-là, mais qui le placèrent au premier rang parmi
nos hommes d'État les plus fermes et les plus habiles.

Une question de finances commença le conflit. Les
guerres soutenues par Richelieu, et qui venaient de se
terminer par le traité de Westphalie, avaient coûté des
sommes considérables; pour combler le vide du Trésor,

on établit de nouveaux impôts, qui excitèrent le plus vif
mécontentement. Le Parlement, désireux de reprendre le
rôle politique qui lui avait été enlevé par Richelieu, refusa
d'enregistrer les édits. Mazarin, irrité de cette opposition
inopportune, retrancha par un autre édit les gages de
tous les officiers de justice, afin de regagner sur eux ce
qu'ils l'empêchaient de prendre sur le peuple. Le Parlement riposta par l'établissement d'une Chambre de Justice, chargée de prendre connaissance des malversations
commises dans le maniement des Finances et de faire rendre
compte au cardinal de l'emploi de tous les deniers levés
depuis le commencement de la Régence. Mazarin, regardant cette entreprise comme un attentat contre l'autorité
royale, fit arrêter le conseiller Broussel et les présidents
Charton et de Blancmesnil, croyant intimider par là tout
leur corps. Mais, à cette nouvelle, le peuple, persuadé que
le Parlement n'avait en vue que le soulagement du public,
prit les armes, et la cour fut obligée de remettre en liberté
les magistrats arrêtés. Le cardinal, outré de cette concession forcée à l'émeute, résolut de se venger du Parlement
et du peuple : le 6 janvier 1649, il sortit de Paris, emmenant le roi et la reine-mère à Saint-Germain-en-Laye ;
puis, comptant que la disette viendrait à bout des Pari-
siens, il engagea le prince de Condé (le duc d'Enghien
avait pris ce titre depuis la mort de son père) à bloquer la
capitale. Le Parlement, de son côté, se prépara à une vigoureuse défense, rendit un arrêt par lequel il déclarait
Mazarin « perturbateur du repos public » et lui enjoignait
de sortir du royaume, délivra des commissions pour lever
des gens de guerre et fit appel à tous les mécontents : les
ducs de Bouillon et d'Elbeuf étant venus lui offrir leurs
services, il les donna pour lieutenants-généraux au prince
de Conti, qu'il fit généralissime de ses troupes. En
cette qualité, le prince envoya sur-le-champ un homme
de confiance à l'archiduc Léopold pour lui demander
de joindre ses forces espagnoles à celles du Parlement.

Telle était la situation lorsque le cardinal envoya l'ordre

à Turenne d'amener ses troupes aux environs de Paris.
En même temps, le duc de Bouillon lui écrivait de prendre
parti pour le Parlement, lui représentant que Mazarin faisait naître tous les jours de nouvelles difficultés pour empêcher la consommation de l'échange de Sedan et que,
s'il ne savait pas tirer avantage de l'armée qu'il commandait, on n'aurait bientôt plus aucun égard pour sa maison.
Tout le monde attendait avec impatience le parti auquel
le maréchal se déterminerait. On apprit bientôt qu'il s'était
déclaré pour le Parlement et qu'il avait fait prêter serment
dans ce sens à tous les officiers sous ses ordres, « tant il
est vrai, constate à ce propos Raguenet, qu'il arrivera
plutôt que l'homme agisse contre son propre caractère
qu'on ne voie une vertu entièrement pure en ce monde; »
tant il est vrai, ajouterons-nous, que les militaires les plus
probes et les plus loyaux ne peuvent prendre part à la
politique sans s'y fourvoyer. Le Parlement, ravi de pos-
séder un auxiliaire tel que Turenne, rendit un arrêt par
lequel il était enjoint « à tous officiers et sujets du Roi
d'obéir à ce général », et par lequel il était, en outre, or-
donné de constituer un fonds pour la subsistance de son
armée. Mais Mazarin, toujours prévoyant, avait eu soin
déjà d'expédier à celle-ci un de ses affidés, nommé Hervard,
avec beaucoup d'argent, pour acheter ses officiers et ses
soldats, dont le plus grand nombre abandonna son chef.
Voyant qu'il ne pourrait rien entreprendre avec ce qui lui
restait de troupes, le maréchal se retira en Hollande, où il
demeura jusqu'à la conclusion du traité de paix qui se fit,
peu après, entre le Roi et le Parlement. Par un des articles
dudit traité, le Roi déclarait : « Qu'en échange de la prin-
« cipauté de Sedan il donnerait incessamment de ses
« domaines au duc de Bouillon jusqu'à la concurrence de
« ladite principauté; que ce qui lui avait été promis pour
« le rang de ceux de sa maison serait ponctuellement
« exécuté; que, quand il disposerait du commandement
« de ses armées, il aurait égard au mérite du vicomte de
« Turenne, et qu'il le gratifierait même, en toutes sortes

MÉDAILLES COMMÉMORATIVES

5. Secours d'Arras. — 6. Prise de La Capelle. — 7. Prises de Mardick
et de Saint-Venant. — 8. Bataille des Dunes.

« d'occasions, de ce qui lui conviendrait selon sa nais-
« sance ». Sur la foi de ce traité, Turenne quitta la Hollande et revint à la cour, où il trouva Mazarin et Conti en
complète mésintelligence, à ce point qu'il était aisé de
juger que tant d'aigreur entre eux allait promptement
dégénérer en une haine implacable. Toutefois, le maréchal resta neutre.

Cependant notre armée d'Allemagne, ayant appris son
retour en France, envoya à la cour des députés pour le
réclamer en qualité de général ; mais on ne jugea pas à
propos de lui confier si tôt un pareil emploi. Turenne,
regardant ce procédé comme une contravention à ce qu'on
lui avait promis par le traité de paix et s'en prenant au
cardinal, fit auprès du prince de Condé quelques démarches indiquant un dessein de sa part d'entrer dans son
parti. Mais le cardinal, qui méditait un projet hardi, ne
s'embarrassa pas de cette liaison. Peu de jours après en
effet, le 18 janvier 1650, il faisait arrêter Condé, son frère
le prince de Conti, son beau-frère le duc de Longueville,
et conduire tous les trois au donjon de Vincennes. Après
ce coup d'État, il envoya le marquis de Ruvigny au maréchal pour l'assurer de son amitié, lui promettre le commandement de l'armée des Flandres, lui offrir une de ses
nièces en mariage et lui protester qu'il voulait désormais
partager sa fortune avec lui. Mais Turenne n'accepta
aucune de ces propositions. Sa rigidité de principes et
son humanité naturelles se trouvaient blessées par les
manœuvres de Mazarin ; il ne voyait dans la conduite du
ministre que la rancune d'un homme de peu contre des
gens de qualité, et ses intérêts de caste et de famille
l'aveuglaient sur les périls réels que le parti des Princes
allait faire courir à l'État. Tel fut le secret de sa défaillance, et telle aussi en serait l'excuse si une erreur de
cette importance n'était pas inexcusable, surtout par les
regrettables suites auxquelles elle l'entraîna. Dès qu'il vit
les Princes au pouvoir de Mazarin, le maréchal sortit de
Paris et, s'étant rendu à Stenay, place forte sur la Meuse

appartenant à Condé, il invita tous les amis et toutes les créatures de celui-ci à venir l'y rejoindre. Mazarin, pris d'inquiétude, envoya de nouveau après lui, avec de nouvelles promesses ; mais Turenne ne voulut point s'en préoccuper davantage et, persévérant dans son parti, il vendit sa vaisselle d'argent pour lever des troupes, employa au même usage les pierreries que la duchesse de Longueville vint lui apporter, fit tenter la fidélité des soldats qui avaient servi sous lui en Allemagne et en débaucha trois régiments, qui le rejoignirent. Il proposa alors une ligue en commun à l'archiduc Léopold, qui commença par demander qu'on lui remît Stenay ; mais Turenne s'y refusa, ne voulant point se dessaisir de l'unique place où il pouvait se retirer et se mettre hors du pouvoir des Espagnols. On ne laissa pas néanmoins de conclure un traité, par lequel Léopold s'engagea pour le roi d'Espagne à ne point faire la paix qu'on n'eût rendu la liberté aux Princes, tandis que Turenne promettait de ne pas désarmer tant que la France n'offrirait pas une paix juste et raisonnable aux Espagnols. Ce traité ayant été ratifié par le roi d'Espagne, Turenne et l'archiduc joignirent leurs troupes et, à la tête de leur armée qui ne comptait pas moins de 18,000 hommes, ils entrèrent en France par les frontières de la Picardie.

Ils commencèrent par assiéger Le Câtelet, petite place à la source de l'Escaut, qu'ils prirent en trois jours. De là, ils se rendirent à Guise (14 juin) ; mais, le mauvais temps n'ayant point permis à leurs convois de les ravitailler, ils souffrirent dans leur camp d'une telle disette qu'ils durent lever le siège pour aller chercher des vivres du côté de La Chapelle. Ils se rendirent maîtres de cette place après un blocus de dix jours (3 août.) Ils passèrent alors l'Oise, et Turenne s'avança avec 3,000 chevaux jusqu'à Vervins pour observer l'armée française, qui était à Marle. Le maréchal Du Plessis-Praslin, qui la commandait, en délogea aussitôt et se retira derrière les marais de Notre-Dame-de-Liesse. Turenne, se voyant maître de la campagne par cette retraite, alla prendre Rethel, Château-Porcien et Neufchâtel, passa l'Aisne, enleva la ville de Fismes, força Du Plessis à courir s'enfermer dans Reims, envoya prier l'archiduc Léopold de lui amener le reste des troupes, en posta un corps derrière la Marne, en fit avancer un autre à La Ferté-Milon et, s'étant ainsi emparé de tous les passages jusqu'à Paris (28 août), se disposa à venir le lendemain investir le château de Vincennes pour en tirer les Princes : il eût, peut-être, exécuté ce dessein si on ne les eût promptement transférés au château de Marcoussis, entre Paris et Orléans. Ayant ainsi manqué son coup, Turenne dut rebrousser chemin, et, ayant repassé l'Aisne, il alla assiéger Mouzon, sur la Meuse (25 septembre). La pluie qui tombait en abondance et le peu d'artillerie qu'avaient les Espagnols furent cause qu'il demeura sept semaines à prendre cette place. L'archiduc ayant ramené ensuite le gros de son armée hiverner dans les Flandres, Turenne demeura avec 8,000 hommes sur la frontière, entre l'Aisne et la Meuse, pour veiller à la conservation des places enlevées par lui dans ce rayon de pays.

On était arrivé au mois de décembre. Le maréchal Du Plessis et le cardinal Mazarin, qui était venu le rejoindre avec des renforts, décidèrent d'entreprendre, malgré la saison, le siège de Rethel. L'armée royale comptait encore 20,000 hommes. Turenne laissa investir la place, ne voulant la secourir que lorsqu'elle serait bloquée dans les formes ; il comptait, d'ailleurs, sur la fermeté de son gouverneur Delliponti, ingénieur de grand renom, bien secondé par une solide garnison. Mais, au bout de trois jours, Delliponti vendit et livra la ville ; et, quand Turenne arriva le lendemain, il trouva rangée en bataille et l'attendant l'armée de Du Plessis qui, ayant aussitôt levé ses quartiers, avait réuni toutes ses troupes en un seul corps. N'étant pas en force, et toute surprise sur des quartiers disséminés se trouvant ainsi devenue impossible, Turenne retourne au plus vite sur ses pas et gagne, à quatre lieues de là, la vallée de Bourg. Mais le maréchal Du Plessis s'était mis à sa poursuite pendant la nuit, et, quand le jour se leva (15 décembre), il fallut de nouveau reculer. Ce ne fut pas bien loin du reste, car les troupes royales l'atteignirent dans la plaine de Blanc-Champ, entre le bourg de Saint-Étienne et celui de Sommepy, et le contraignirent à accepter le combat. La disproportion des forces rendait l'écrasement de Turenne certain. Néanmoins, sa résistance fut formidable. Deux fois, à la tête de son aile gauche, il chargea et rompit l'aile droite de Du Plessis; mais l'aile gauche de l'armée royale, ayant à son tour dispersé l'infanterie allemande de son ennemi, rétablit à son avantage la situation, et l'acharnement redoubla des deux parts. Les escadrons de l'un et de l'autre parti furent également rompus à diverses reprises, et se reformèrent autant de fois. Turenne produisit un ravage effroyable dans les troupes du roi avec l'artillerie dont il fit border son front; mais Du Plessis, ayant enfin divisé son armée en deux lignes, réussit, après un choc terrible, à envelopper son adversaire, que même il faillit prendre. Après plusieurs heures de ce combat sans merci, la cavalerie lorraine et allemande de Turenne était en fuite, son artillerie prise, don Estevan de Gamare qui la commandait fait prisonnier, et toute son infanterie avait jeté ses armes bas, sauf son propre régiment, lequel s'était laissé hacher. Il ne lui restait plus qu'à sauver quelques débris. Par bonheur pour lui, la nuit tombait et les troupes de Du Plessis étaient extrêmement fatiguées. Turenne put donc se réfugier le lendemain dans Montmédy, ville du Luxembourg, où il se retrouva à la tête de 4,000 hommes survivants à sa défaite.

Cet échec, le plus sérieux qu'il eût éprouvé, lui donna à réfléchir; mais un événement imprévu vint, très à propos, lui permettre d'abandonner une mauvaise voie. Mazarin avait fait transporter les Princes au Havre, et la prolongation de leur captivité avait été le signal d'une nouvelle révolte, tant en province qu'à Paris. Bordeaux étant devenu le centre de la résistance, la cour avait accompagné les troupes royales qui marchaient contre cette ville. Quand elle revint à Paris, l'émotion y était plus vive que jamais, et le nom du cardinal en exécration à tous. Ce n'était pas la première fois que l'opinion de la capitale se trompait sur le compte des hommes chargés des intérêts du pays, et ce ne devait pas non plus être la dernière. Quoi qu'il en fût, voyant le sentiment public entièrement tourné contre lui et la liberté des Princes universellement réclamée, Mazarin, en habile politique, céda à l'orage, au lieu de le braver sans profit (13 février 1651). Il courut au Havre délivrer les prisonniers, puis il passa la frontière et se réfugia à Bruhl, petite ville de l'électorat de Cologne, où il attendit de nouveaux événements. Turenne, ayant appris ces nouvelles à La Roche-en-Ardenne, rentra à Stenay. Il écrivit aussitôt à Léopold qu'il ne sortirait point de cette place avant d'avoir exécuté ce à quoi il s'était engagé par son traité avec lui, à savoir « de ne point mettre les armes « bas avant que la France n'eût offert à l'Espagne des ar- « ticles de paix justes et raisonnables » ; en même temps, il mandait au prince de Condé, revenu à la cour, de faire en sorte qu'on lui envoyât un fondé de pouvoirs sérieux pour traiter cette importante question. La régente expédia immédiatement à Stenay un conseiller au Parlement, M. de Croissy, qui offrit l'abandon par la France de la Catalogne et des intérêts du roi de Portugal. Le roi d'Es- pagne refusa ces conditions avantageuses, et Turenne, après l'avoir pressé inutilement pendant deux mois de les accepter, se crut enfin dégagé de toute solidarité envers lui. Le 1er mai, il revenait à la cour, où il reçut un accueil flatteur, particulièrement du prince de Condé, qui lui fit les offres les plus brillantes. Mais Turenne, voulant se faire pardonner son erreur par la modestie de son attitude, se borna à demander pour ses troupes, coupables seulement de s'être attachées à sa fortune, de bons quartiers d'hiver.

Peu de temps après, le prince de Condé, se plaignant de ce que l'esprit du cardinal Mazarin régnait toujours dans le Conseil royal malgré son éloignement, rompit ouverte-

ment avec la cour. Il essaya d'engager Turenne dans ses
intérêts, en lui offrant de lui donner Stenay et en promet-
tant de faire rétablir le duc de Bouillon dans sa principauté de Sedan. Mais la reine, qui conservait encore la
même autorité quoique le roi eût été déclaré majeur, voulant aussi de son côté gagner Turenne, fit passer au Parlement l'échange de Sedan et par là donna la dernière
main à la consommation de cette grande affaire ; de sorte
que, le prince de Condé étant allé dans son gouvernement de Guyenne pour se préparer à la guerre, et la reine
mère ayant mené le roi à Poitiers pour y être plus à
même d'observer les démarches de l'illustre rebelle,
Turenne, qui n'avait plus aucun motif de se plaindre de la
cour, quitta Paris et alla offrir ses services à son souverain. Il fit preuve, en cette occasion, d'une abnégation des
plus rares ; car, le maréchal d'Hocquincourt ayant été mis
déjà à la tête de l'armée royale, Anne d'Autriche demanda
à Turenne s'il consentirait à partager le commandement,
et celui-ci, comprenant la nécessité où la cour était alors
de ménager tous les dévouements, accepta les inconvé-
nients de cette association.

Cependant, le prince de Condé fortifiait de jour en jour
son parti ; bien plus, il traitait avec l'Espagne. La reine,
l'ayant appris, rappela Mazarin et lui rendit l'administration générale des affaires (1652). Le rétablissement de ce
ministre irrita tellement le Parlement qu'il mit sa tête à
prix et que le duc d'Orléans, oncle du roi, se déclara pour
Condé, dans le parti duquel entrèrent également le prince
de Tarente, les ducs de Beaufort, de Nemours et de
Rohan, les comtes de Tavannes et de Marsin, et plusieurs
autres personnages considérables qui, ayant levé des
troupes chacun de leur côté, trouvèrent moyen d'en com-
poser une armée de 15,000 hommes, qu'ils menèrent aux
environs de Montargis. Le prince de Condé partit aussitôt
de Guyenne pour venir joindre cette armée, avec laquelle
il se promettait de défaire aisément celle du roi, très infé-
rieure en nombre.

Le jeune Louis XIV avait alors quitté Poitiers pour gagner Saumur. Le cardinal Mazarin ayant jugé à propos de ramener la cour le plus près possible de Paris pour maintenir dans le devoir cette turbulente capitale, il fut résolu qu'on remonterait la Loire jusqu'à Gien, afin de s'assurer des villes situées sur ce fleuve. Tours, Amboise, Blois et toutes les autres places donnèrent au roi des marques de leur obéissance ; la seule ville d'Orléans lui ferma ses portes à la sollicitation de Mlle de Montpensier, fille de Gaston d'Orléans, qui l'y avait envoyée exprès pour cela. Cette batailleuse et brouillonne personne n'est pas une des moins curieuses figures de cette époque, où les femmes donnèrent plus d'une fois aux hommes des leçons d'audace, mais où elles leur firent presque toujours oublier aussi l'honneur et le patriotisme : du reste, nous la retrouverons bientôt à Paris. Pour le moment, comme on approchait des quartiers de l'ennemi, Turenne fut chargé du soin de couvrir la marche de la cour et de veiller à sa sûreté. Il partit aussitôt avec vingt-cinq cavaliers, afin de reconnaître l'état de Jargeau, petite ville située entre Orléans et Gien, et sur le pont de laquelle l'ennemi aurait pu passer la Loire pour, de là, surprendre et enlever la cour. Précisément le baron de Sirot, lieutenant-général des Princes, s'étant rendu compte de l'importance de ce passage, arrivait sur ses derrières avec un corps de troupes pour s'en emparer. Or, il fallait que la cour longeât les murailles mêmes de la place, par le côté opposé. Il n'y avait pas de temps à perdre, et déjà le baron de Sirot avait déjà forcé l'entrée du pont quand Turenne envoya une estafette prévenir deux régiments royaux stationnés à deux lieues de là. La garnison de la ville ne lui était d'aucun secours, n'ayant ni balles ni poudre. Le maréchal se barricada en toute-hâte devant la porte qui commandait le pont et, seul avec sa faible escorte, fit tête pendant trois longues heures à l'ennemi. Au bout de ce temps, le secours qu'il attendait étant arrivé, il chargea brusquement les assaillants, les culbuta dans la rivière, rompit le pont, empêcha ainsi les troupes de Sirot de passer, puis s'empressa de rejoindre le roi, lequel n'avait jamais couru un aussi grand danger. La reine Anne déclara tout haut que le maréchal venait de sauver l'État: en effet, si l'ennemi eût emporté Jargeau, il aurait ensuite enlevé toute la cour sans aucune difficulté.

Le 7 avril suivant, le roi, la reine et le cardinal faillirent tomber, par l'impéritie du maréchal d'Hocquincourt, dans un autre péril. Le prince de Condé venait de rejoindre son armée, et son arrivée imprévue avait enthousiasmé ses partisans. Comme il savait que tout ce qui est soudain et inespéré transporte les hommes, il profita à l'instant de la confiance et de l'audace qu'il inspirait. Sa grande supériorité dans la guerre consistait à prendre subitement les résolutions les plus hardies, et à les exécuter avec non moins de conduite que de promptitude. L'armée royale était séparée en deux corps, celui de Turenne posté à Briare, celui d'Hocquincourt campé à Blénau. La veille, le maréchal de Turenne ayant eu occasion de constater la disposition des quartiers de son collègue, fort éloignés les uns des autres, lui dit : « qu'il ne pouvait s'empêcher de « lui témoigner qu'il le trouvait bien exposé et qu'il lui « conseillait de resserrer ses quartiers ». A quoi d'Hocquincourt répondit « qu'il n'avait rien à craindre, et « qu'en faisant une bonne garde on remédierait à tout ». Turenne se contenta de répliquer « qu'il ne présumait pas « assez de lui-même pour prétendre lui donner des avis », et il s'en retourna à Briare. Or, dans la nuit même qui suivit, Condé fondit à l'improviste sur le corps d'Hocquincourt, lequel fut dissipé en même temps qu'attaqué. Turenne n'en put être averti à temps. Le cardinal effrayé courut à Gien, au milieu de la nuit, réveiller le roi qui dormait. Sa petite cour fut consternée; on proposa de sauver le roi par la fuite, et de le conduire secrètement à Bourges. Le prince de Condé victorieux approchait de Gien; la désolation et la crainte augmentaient. Turenne, qui survint alors, rassura les esprits par sa fermeté et sauva la cour par son habileté. Avec les 3,500 hommes qui lui restaient, il opéra des mouvements si heureux, profita si bien du terrain et du temps qu'il empêcha Condé et ses 14,000 soldats de profiter de leur avantage. « Il fut difficile alors, remarque judicieusement Voltaire, de décider lequel avait acquis le plus d'honneur, ou de Condé victorieux, ou de Turenne qui lui avait arraché le fruit de sa victoire. Il est vrai que dans ce combat de Blénau, si longtemps célèbre en France, il n'y avait pas eu 400 hommes de tués ; mais le prince de Condé n'en fut pas moins sur le point de se rendre maître de toute la famille royale et d'avoir entre ses mains son ennemi, le cardinal Mazarin. On ne pouvait guère voir un plus petit combat, de plus grands intérêts, et un danger plus pressant. » Le roi et le cardinal témoignèrent à Turenne une vive reconnaissance, et la reine n'hésita pas à déclarer encore devant toute la cour « qu'il venait de remettre une seconde fois la couronne « sur la tête de son fils ». Turenne triompha avec sa modestie habituelle ; il empêcha Mazarin de formuler, dans son Rapport sur cette journée, un blâme par écrit contre d'Hocquincourt. Et comme celui-ci, dans sa vanité blessée, prétendait rejeter sur son collègue, qui, disait-il, ne l'avait point secouru à temps, toute la responsabilité de sa défaite, Turenne se contenta de répondre « qu'un « homme aussi affligé que l'était ce maréchal devait avoir « au moins la liberté de se plaindre ». Quant au prince de Condé, il déplora publiquement la mauvaise fortune qui lui faisait rencontrer justement sur son chemin le seul homme le pouvant empêcher de mettre fin à la guerre ce jour-là ; et, laissant son armée sous les ordres du comte de Tavannes, il s'en alla à Paris pour y rassurer ses partisans, fort ébranlés par le double succès de Turenne.

Le roi continua sa route le long de l'Yonne, suivi par Tavannes qui brûlait de prendre une revanche. Mais Turenne, laissant Montargis et l'armée de Condé sur sa gauche, passa à Auxerre et à Sens pour gagner Melun.

Il fit même une telle diligence que, ayant traversé le Loing
à Moret, puis la forêt de Fontainebleau, il arriva à La
Ferté-Alais avant l'ennemi et par là assura Melun et
Corbeil au roi, qui se rendit à Saint-Germain-en-Laye.
Ayant ainsi couvert sa marche pendant près de quatre-
vingts lieues, il vint camper à Chartres, entre l'armée des
Princes et Paris, ôtant ainsi à Tavannes toute communication avec la capitale, d'où il tirait ses recrues et tout ce
dont il avait besoin. Celui-ci, n'ayant plus de fourrages à
Montargis, et craignant les entreprises de l'armée royale
s'il s'écartait dans la campagne pour y chercher des sub-
sistances, alla s'enfermer dans Étampes, où l'on venait de
retirer toute la récolte de la Bauce. Quelques jours après,
Mlle de Montpensier y étant venue pour aller de là à Paris,
le maréchal, se doutant bien que Tavannes entreprendrait
de fourrager sitôt que la princesse serait partie, gagna les
abords de la place pendant la nuit. Mademoiselle (1) ayant
eu la fantaisie de contempler à son départ l'armée des
Princes rangée en bataille au dehors des murs, cette curio-
sité coûta cher à son allié, car Turenne lui tomba dessus
avant qu'il eût eu le temps de faire rentrer toutes ses
troupes dans la place; il lui massacra 2,000 hommes dans
le faubourg, qu'il pilla à fond, et lui fit 2,700 prisonniers,
qu'il ramena à Chartres (4 mai). Le maréchal d'Hocquincourt, voyant qu'il ne servait à rien, se retira alors par
dépit dans son gouvernement de Péronne, et Turenne
garda seul le commandement de l'armée royale. Il résolut
alors d'assiéger Étampes, où l'armée de Tavannes se
trouvait réduite à 6,000 hommes ; lui-même, du reste, n'en
avait que 7,500 (29 mai). Le prince de Condé, craignant
que la reddition de cette place lui fît perdre ce qui lui restait de partisans, demanda du secours à l'archiduc Léopold, lequel ordonna aussitôt au duc de Lorraine de
marcher sur Paris.

Le duc Charles IV de Lorraine était ce bandit princier

---

(1) Titre donné aux princesses du sang royal.

dont nous avons raconté ailleurs (1) l'édifiante biographie. Dépouillé de ses États, il ne lui restait plus, pour tout bien, qu'environ 10,000 hommes dont il louait les services au plus offrant ; cette année-là, il s'était mis à la solde du roi d'Espagne. A son approche, Turenne manda à Mazarin qu'il ne croyait pas devoir attendre d'être enfermé entre l'armée lorraine et celle des Princes ; mais, le duc ayant fait accroire au cardinal que c'était uniquement pour le service du roi qu'il amenait ses troupes en France, celui-ci répondit au maréchal de ne rien craindre et de continuer l'investissement d'Étampes. Cependant Charles de Lorraine, ayant gagné tranquillement les environs de Charenton, s'était déclaré pour Condé et avait fait jeter un pont sur la Seine. A cette nouvelle, Turenne lève le siège d'Étampes, passe la Seine à Corbeil et traverse la forêt de Sénart. Il apprend que le duc s'est retiré sur la hauteur de Villeneuve-Saint-Georges dans un poste très avantageux, avec la rivière d'Yerre devant lui, un bois à sa gauche et la Seine à sa droite. Le maréchal, pour éviter à tout prix la jonction de l'armée d'Étampes avec celle des Lorrains, passe précipitamment l'Yerre auprès de Brunoy, marche toute la nuit autour de Grosbois et, au point du jour (17 juin), fait ses préparatifs d'assaut. Bien que supérieur en nombre, le duc, qui ne vivait plus que du revenu de ses troupes et ne se souciait pas d'exposer inutilement un aussi précieux produit, lui envoie demander quartier. Turenne lui impose pour conditions de livrer son pont sur-le-champ, de déloger à l'heure même pour s'en retourner d'où il était venu par la route qui lui serait prescrite et, enfin, de donner des otages. Charles de Lorraine accepta, et il défila honteusement devant le maréchal qui demeura en bataille jusqu'à ce que le dernier soldat lorrain fût parti. L'armée d'Étampes arriva trop tard, resta à Villejuif, où le prince de Condé vint la prendre pour la

(1) Voir mon livre : *Nos Héroïnes*, p. 124-127 (Paris, 1888, A. Degorce).

mener à Saint-Cloud; il la fit camper jusqu'à Suresnes et, s'étant assuré du pont sur la Seine, il crut n'avoir rien à craindre dans cette position quoi qu'il n'eût plus que 5,000 hommes.

Toutefois, Condé ne tarda pas à s'apercevoir qu'il risquait d'être pris entre deux feux, le maréchal de La Ferté étant accouru de Lorraine avec un corps de 3,000 soldats pour prêter la main à Turenne. Il décampa donc de nuit pour gagner Charenton, dont l'avant-bras, compris entre la Seine et la Marne, lui paraissait plus propre à défier toute surprise, et longea les murs de Paris, que les habitants ne lui permirent point de traverser. Mais Turenne, qui avait ramené la cour à Saint-Denis, ayant été prévenu à temps de ce déplacement, lui donna la chasse et rejoignit son arrière-garde dans le faubourg Saint-Martin. Il la mena battant jusqu'au faubourg Saint-Antoine où, les portes de la capitale demeurant toujours fermées, le prince s'était fortement retranché, ayant profité des barricades que la population avait élevées de ce côté pour se protéger contre les pillards lorrains, ayant jeté des traverses au milieu des rues, et percé et crénelé les maisons. Turenne eût bien voulu attendre son artillerie pour engager sûrement la lutte; mais le cardinal Mazarin, impatient d'en finir, lui commanda d'attaquer sur-le-champ. Le carnage devint bientôt effroyable, car la guerre civile est forcément plus acharnée que toute autre, les haines personnelles s'en mêlant. L'artillerie de Turenne étant arrivée au fort du combat, les troupes de Condé allaient être écrasées quand l'intervention de Mlle de Montpensier les sauva.

Nous laissons ici la parole à l'héroïne de la Fronde:

« Je trouvai, raconte-t-elle, dans la rue de la Tixeranderie le plus affreux spectacle qui se puisse regarder. C'était M. de La Rochefoucauld qui avait un coup de mousquet qui lui prenait au coin de l'œil d'un côté et lui sortait par l'autre, entre l'œil et le nez, de sorte que les deux yeux étaient offensés; il semblait qu'ils lui tombassent, tant il perdait de sang par là; tout son visage en était plein, et même il soufflait sans cesse, comme s'il eût eu crainte que celui qui lui entrait dans la bouche ne l'étouffât. Son fils le tenait par une main et Gourville par l'autre, car il ne voyait goutte : il était à cheval et avait un pourpoint blanc, aussi bien que ceux qui le suivaient, qui étaient couverts de sang comme le sien. Ils se fondaient en larmes, car, à le voir en cet état, je n'eusse jamais cru qu'il en eût pu échapper. Je m'arrêtai pour parler à lui, mais il ne me répondit pas ; c'était tout ce qu'il pouvait faire que d'entendre.

« Après l'avoir quitté je trouvai, à l'entrée de la rue Saint-Antoine, Guitaut à cheval, sans chapeau, tout déboutonné, qu'un homme aidait parce qu'il n'eût pu se soutenir sans cela ; il était pâle comme la mort. Je lui criai : « Mourras-tu ? » Il me fit signe que non ; il avait, pourtant, un grand coup de mousquet dans le corps. Puis je vis Valon, qui était en chaise, qui s'approcha de mon carrosse ; il n'avait qu'une contusion aux reins. Comme il est fort gros, il fallait l'aller panser promptement. Il me dit : « Eh « bien, ma bonne maîtresse, nous sommes tous perdus ! » Je l'assurai que non. Je trouvai à chaque pas que je fis dans la rue Saint-Antoine des blessés, les uns à la tête, les autres au corps, aux bras, aux jambes, sur des chevaux, à pied, sur des échelles, des planches, des civières, des corps morts. Un peu après, le marquis de La Roche-Giffard passa, blessé à la tête, mais ayant perdu toute connaissance et étendu sur une échelle comme un mort. Il me fit grande pitié ; c'était un homme bien fait et beau, et en l'état où il était il ne laissait pas d'avoir bonne mine. Tout ce jour-là se passa à ne voir autre chose que des morts et des blessés, et je m'aperçus à la fin de ce que disent les gens de guerre, que la quantité que l'on en voit y accoutume tellement que l'on n'a pas tant de pitié pour les derniers que pour les premiers, et surtout pour les gens que l'on ne connaît point. Il y avait de pauvres Allemands qui ne savaient comment se plaindre ni où donner de la tête, ne pouvant parler notre langue ; je les envoyais dans les hôpitaux, chez les chirurgiens, selon leur grade. »

Mlle de Montpensier s'en allait à la Bastille, avec un ordre du duc d'Orléans, son père, enjoignant au gouverneur d'obéir à sa fille comme à lui-même. Elle en profita pour faire changer de position les canons de la forteresse : ils étaient tournés du côté de la ville, à laquelle ils inspiraient le respect; elle les fit retourner du côté de Vincennes, là où se livrait la bataille. Au plus fort de la mêlée, lorsqu'elle vit l'armée royale avoir le dessus et menacer d'écraser l'armée de la Fronde, elle fit tirer le canon sur les troupes du roi et sauva ainsi son parti. Au même moment, les bourgeois de Paris ouvraient leurs portes au prince de Condé pour lui offrir un refuge. Celui-ci ne fit que traverser la capitale et alla se retrancher au delà du faubourg Saint-Victor, vers la Salpêtrière, entre la Seine et la Bièvre. De là il écrivit à l'archiduc Léopold pour lui demander du secours. L'archiduc, craignant que le prince n'abandonnât son alliance s'il ne lui accordait l'aide qu'il réclamait, lui envoya aussitôt son armée des Flandres, sous les ordres du comte de Fuensaldagna, et ordonna également au duc de Lorraine de le rejoindre. Ces deux renforts dépassaient 20,000 combattants. L'armée du roi ne s'élevait qu'à 8,000 hommes. La cour et Mazarin se retirèrent à Pontoise.

A ceux qui seraient tentés de montrer trop d'indulgence pour la Fronde, qui se laisseraient séduire par l'apparence de son côté chevaleresque, par les pamphlets du temps contre la cour et Mazarin, nous nous bornerons à citer cet aveu formulé par le cardinal de Retz, un des principaux auteurs de la rébellion : « Nous perdions cette année-là la Catalogne, Barcelone et Casal, la clef de l'Italie. Nous vîmes Brisach révolté, sur le point de retomber entre les mains de la maison d'Autriche. Nous vîmes les drapeaux et les étendards d'Espagne voltigeant sur le Pont-Neuf; les écharpes jaunes de Lorraine parurent dans Paris avec la même liberté que les jaunes et les bleues. » A l'intérieur, l'état de la France était plus misérable encore;

pas d'industrie, pas de commerce, partout les pilleries du soldat : aussi la misère avait atteint une intensité qui nous étonne aujourd'hui, et aux révoltants détails de laquelle nous refuserions d'ajouter foi si les témoignages les plus authentiques n'étaient là pour les attester. « La plupart de nos historiens, écrit Voltaire, n'étalent à leurs lecteurs que ces combats et ces prodiges de courage et de politique ; mais qui saurait quels ressorts honteux il fallait faire jouer, dans quelles misères on était obligé de plonger les peuples, et à quelles bassesses on était réduit, verrait la gloire des héros de ce temps-là avec plus de pitié que d'admiration. On en peut juger par les seuls traits que rapporte Gourville, homme attaché à M. le Prince. Il avoue que lui-même, pour lui procurer de l'argent, vola celui d'une recette, et qu'il alla prendre dans son logis un directeur des postes à qui il fit payer une rançon : et il rapporte ces violences comme des choses ordinaires. » La livre de pain valait alors, à Paris, vingt-quatre sous. Le peuple souffrait ; les aumônes ne suffisaient pas ; plusieurs provinces étaient dans la disette. « Depuis cinq ou six ans, rapporte encore Feillet, ni moisson ni vendange. Nous rencontrons des hommes si faibles qu'ils rampent comme des lézards sur les fumiers. Ils s'y enfouissent la nuit comme des bêtes, et s'exposent le jour au soleil, déjà remplis et pénétrés de vers. On en trouve gisant pêle-mêle avec leurs morts, dont ils n'ont pas la force de s'éloigner. Ce que nous n'oserions dire si nous ne l'avions vu, ils se mangent les bras et les mains, et meurent dans le désespoir. » Toutes ces horreurs étaient bientôt oubliées pour les intérêts personnels des chefs de parti.

VI

SUITE DE LA GUERRE CIVILE. — TURENNE GOUVERNEUR DU LIMOUSIN ET MINISTRE D'ÉTAT.—SON MARIAGE. — SIÈGES D'ARRAS, DE VALENCIENNES, DE LA CAPELLE.—TURENNE COLONEL-GÉNÉRAL DE LA CAVALERIE. — SIÈGES DE SAINT-VENANT, DE MARDICK, DE DUNKERQUE.—BATAILLE DES DUNES.

Après le sanglant et inutile combat du faubourg Saint-Antoine, le roi ne put rentrer dans Paris, ni le prince de Condé y demeurer longtemps. Une émotion populaire et le meurtre de plusieurs citoyens dont il fut l'auteur le rendirent odieux au peuple. Cependant, il avait encore sa brigue au Parlement. Ce corps, peu intimidé alors par une cour errante et chassée en quelque façon de la capitale, pressé par les cabales du duc d'Orléans et du prince, déclara par arrêt le premier lieutenant-général du royaume, quoique le roi fût majeur : c'était le même titre que l'émeute avait jadis donné au duc de Mayenne du temps de la Ligue, qu'elle devait donner plus tard encore à son dernier descendant. Le prince de Condé fut nommé généralissime des armées. Les deux parlements de Paris et de Pontoise, se contestant l'un à l'autre leur autorité, donnant des arrêts contraires, et qui par là se seraient rendus le mépris du peuple, s'accordaient à demander l'expulsion de Mazarin, tant la haine contre ce ministre semblait alors le devoir essentiel d'un Français. Comme il ne se trouva dans ce temps funeste aucun parti qui ne fût faible, celui de la cour l'était autant que les autres :

l'argent et les forces manquaient à tous; les factions se
multipliaient; les combats n'avaient produit de chaque
côté que des pertes et des regrets. La cour se vit obligée
de sacrifier encore le cardinal, que tout le monde appelait
la cause des troubles, et qui n'en était que le prétexte. Il
sortit donc une seconde fois du royaume (12 août 1652):
pour surcroît de honte, il fallut que le roi consentît une
déclaration publique, dans laquelle, du reste, il vantait ses
services et plaignait son exil. En réalité, Mazarin avait
bien le droit d'écrire avec amertume, comme il le fit au
jeune Louis XIV : « Il ne me reste pas un asile dans un
« royaume dont j'ai reculé toutes les frontières ! » Mais son
départ enlevait tout prétexte de révolte au peuple, las de
la guerre et aimant, au fond, la royauté. Aussi, dès le
20 octobre suivant, les habitants de Paris, de leur propre
mouvement, députèrent-ils au roi pour le supplier de rentrer dans sa capitale. Il y rentra, et se borna à exiler
quelques-uns des plus compromis.

Le prince de Condé, pendant ce temps, mal secouru par
les Espagnols et les Lorrains, avait dû reculer successivement devant Turenne jusqu'à Commercy, puis de là à
Saint-Mihiel, à Damvilliers et, finalement, dans le Luxembourg. D'autre part, les troubles de Bordeaux s'étaient
apaisés. Le roi profita de ce calme pour rappeler le cardinal (3 février 1653); il le reçut comme un père, et le
peuple comme un maître. Mazarin alla festoyer à l'hôtel
de ville de Paris au milieu des acclamations de la foule,
qu'il accueillit avec un sourire de mépris. Les officiers du
Parlement, après avoir mis sa tête à prix comme celle
d'un voleur public, briguèrent presque tous l'honneur de
venir mendier sa protection ; et ce même Parlement, peu
de temps après (27 mars), condamna par contumace le
prince de Condé à perdre la vie : palinodie bien humaine,
qui se répète toujours en de semblables circonstances, et
dans laquelle nul ne semble ressentir l'humiliation ni la
honte de condamner ceux dont on a partagé les fautes.

Le maréchal de Turenne passa la fin de l'hiver à enlever

au prince de Condé une partie des places fortes qui lui restaient dans l'Est, notamment Bar-le-Duc, Château-Porcien et Vervins. Etant alors revenu à Paris, le roi lui donna le gouvernement du Limousin et le fit ministre d'État, afin qu'il eût entrée au Conseil toutes les fois qu'il resterait à la cour. Ce fut à cette époque qu'il épousa Mlle de La Force, d'une des plus grandes maisons de la Guyenne, fille unique et héritière du maréchal duc de La Force. « Les qualités de l'esprit et du cœur, rapporte Raguenet, étaient en elle fort au-dessus des avantages de la naissance et de la fortune. Les vertus, que l'on a tant de peine à inspirer aux personnes de son sexe à force d'instructions et d'exemples, semblaient être le fond même de son tempérament et de son caractère. Elle avait naturellement dans l'âme je ne sais quelle grandeur, qui ne devait rien à l'éducation. C'était l'esprit le plus élevé et, en même temps, le plus docile. Elle possédait les Langues savantes et avait des connaissances qui passent de beaucoup la portée ordinaire des femmes, sans se croire pour cela au-dessus d'elles. Ses manières, quoique pleines de dignité, étaient toutes simples et toutes unies. Enfin, pour faire mieux comprendre tout son mérite en deux mots, elle était véritablement digne d'être la femme du vicomte de Turenne. » Voilà un portrait qui tranche heureusement sur ceux que les Mémoires du temps nous offrent des duchesses de Longueville et de Montpensier, des comtesses de Fiesque et de Frontenac, de toutes ces coureuses d'émotions étranges dont l'honneur était le moindre souci !

Turenne ne reprit la campagne qu'au mois de juin. Comme l'ennemi était fort de 30,000 hommes tandis que l'armée royale n'en comptait que 12,000, le maréchal résolut de ne point disséminer ses troupes, de les tenir toujours groupées dans sa main, de suivre le prince de Condé pas à pas et de ne s'éloigner jamais de plus de trois lieues de lui; cette tactique permettait de secourir à temps les places menacées, comme aussi de choisir, à proximité de l'ennemi, un poste favorable pour s'y retrancher. Condé et l'archiduc Léopold, qui avaient envahi la Picardie, puis la Champagne, ne purent réussir à modifier son plan. Ils perdirent ainsi Pont-à-Mousson et Sainte-Menehould, et il ne leur resta plus que Rocroi. A la fin de l'année, ils avaient regagné les Flandres.

L'année suivante, le roi étant allé se faire sacrer à Reims (7 juin 1654), le cardinal Mazarin, pour ajouter à l'éclat de cette cérémonie, résolut d'enlever à Condé la ville de Stenay, sa place de sûreté favorite. Il chargea Fabert d'en faire le siège, et Turenne d'en empêcher le secours : Stenay succomba quelques jours après. Pour compenser cette perte, Condé résolut d'enlever Arras, où Mondejeu ne tenait garnison qu'avec 2,600 hommes, s'étant imprudemment dégarni pour jeter un camp volant de sa cavalerie sur la frontière. L'investissement commença le 3 juillet. Turenne et La Ferté accoururent aussitôt au secours de la place, où d'Hocquincourt vint les rejoindre. L'armée ennemie comptait 30,000 hommes; l'armée royale 14,000 seulement. Comme il était impossible de chasser les Espagnols par la force, Turenne s'avisa de les bloquer à son tour ; et il fit si bien que, après avoir occupé et fait retrancher toutes les positions autour d'eux, il les affama dans leur camp. Toutefois, la ville ne pouvait pas tenir longtemps, les assiégés eux-mêmes manquant de vivres. Il fallut donc se résoudre à l'attaque : Turenne força, en conséquence, les lignes ennemies (24 août), mais de nuit, afin que les Espagnols, ne voyant point tout d'abord de quels côtés on les attaquait, n'osassent dégarnir aucun point. Après un assaut furieux et une mêlée formidable, les troupes de l'archiduc prirent la fuite. Seul, Condé, à la tête des deux ou trois régiments de son quartier, repoussa si vigoureusement le maréchal de La Ferté qu'il faillit changer la face de cette journée ; mais Turenne, prévenu à temps, chargea à son tour le prince avec sa cavalerie, rompit ses escadrons et le contraignit, lui aussi, à la retraite. Le siège était enfin levé. Turenne eût pu, assurément, tailler en pièces toute l'armée ennemie s'il avait eu plus de troupes pour les poursuivre ; l'impatience des soldats royaux à piller le camp abandonné l'en empêcha. Les Espagnols n'en perdirent pas moins 7,000 hommes tués ou prisonniers, 64 pièces de canon, 2,000 chariots, 6,000 tentes, 9,000 chevaux, tous les équipages de leurs officiers et le bagage du reste de l'armée. De notre côté, on ne compta que 400 morts et quelques blessés.

Arras sauvé, ses lignes forcées, l'archiduc et Condé mis en fuite, comblèrent Turenne de gloire. On fit frapper une médaille commémorative de ce haut fait avec la devise : *Perrupto Hispanorum vallo, Castris direptis,* et l'exergue : *Atrebatum liberatum. M.DC.LIV.* Toutefois, dans la lettre écrite au nom du roi (11 septembre) pour annoncer au Parlement cette victoire, on y attribua le succès de toute la campagne au cardinal Mazarin, et on ne fit pas même mention du nom de Turenne. Le cardinal s'était trouvé, en effet, à quelques lieues d'Arras avec le roi. Il était même entré dans le camp au siège de Stenay, que Turenne et Fabert avaient pris avant de secourir Arras ; on y avait tenu devant Mazarin des conseils de guerre. « Sur ce fondement, dit Voltaire, il s'attribua l'honneur des événements, et cette vanité lui donna un ridicule que toute l'autorité du ministre ne put effacer. » Nous verrons plus loin que le cardinal devait persister à singer Richelieu.

L'heureux succès du secours d'Arras fut suivi de la prise du Quesnoy et de celle de Clermont-en-Argonne, par où finit la campagne.

L'année 1655 fut insignifiante. Turenne se borna à prendre Landrecies, Condé, Saint-Ghislain et quelques autres villes et châteaux des environs, sans que Condé réussît à l'en empêcher. Le maréchal fit raser les places inutiles et fortifier les plus avantageuses ; il les pourvut de vivres et de munitions, se rendit ainsi maître de la région et fit subsister son armée aux dépens de l'ennemi. Ces divers avantages le déterminèrent, l'année suivante, à tenter un grand coup sur Valenciennes. Ayant réuni à son armée celle du maréchal de La Ferté, alors malade, il investit la place (12 juin 1656). Les travaux du siège étaient déjà fort avancés, et même il avait fait construire une digue qui rejetait les eaux de l'Escaut dans la ville et en inondait les faubourgs et un quartier, quand La Ferté vint tout à coup le rejoindre : « Par ordre du cardinal Mazarin, rapporte Raguenet, qui voulut absolument qu'il y allât, peut-être parce qu'il était bien aise qu'il y eût toujours quelqu'un qui eût paru aux entreprises du vicomte de Turenne, afin qu'il ne s'accréditât pas autant qu'il aurait fait s'il n'en eût partagé la gloire avec personne. » Peut-être aussi, tout simplement, Mazarin se défiait-il des grands chefs de corps depuis la Fronde, et il faut convenir qu'il avait motif à ce soupçon. Quoi qu'il en soit, La Ferté perdit tout à Valenciennes par sa suffisance, comme trois ans auparavant d'Hocquincourt à Blénau. En effet, le prince de Condé et don Juan d'Autriche, qui avait remplacé l'archiduc Léopold, étant venus secourir la place, Turenne, se doutant bien que l'ennemi attaquerait ses lignes par le quartier de La Ferté, plus exposé, manda à celui-ci « que, s'il le voulait, il lui enverrait « quatre ou cinq régiments ». La Ferté lui répondit aigrement : « qu'il gardât ses troupes pour sa propre défense, « qu'il aurait peut-être autant besoin de secours que lui, et « qu'il lui offrait la moitié de son armée ». Turenne réitéra, toutefois, son avis ; mais La Ferté ne fit qu'en rire, et ne se donna même pas la peine d'établir des grand'gardes ni de poster des éclaireurs pour l'avertir de l'approche de l'ennemi. Dans la nuit du 15 juillet, Condé et don Juan d'Autriche forcèrent son quartier sans résistance et, en moins d'un quart d'heure, firent prisonniers La Ferté avec les lieutenants-généraux d'Estrées, de Gardagne et de Grandpré, plus quatre cents officiers et près de quatre mille soldats. Turenne n'eut que le temps de rompre sa digue pour arrêter les Espagnols, sauver son canon, ses équipages, ses bagages, et battre en retraite jusqu'au Quesnoy.

Les Espagnols, ayant ainsi délivré Valenciennes, lui

donnèrent la chasse. Mais Turenne les promena pendant deux mois tout le long de la frontière sans que, malgré leur nombre, ils osassent l'attaquer. Il s'aventura même, sous leur yeux, à prendre la petite ville de La Capelle : ainsi que le remarque Voltaire, c'était peut-être la première fois qu'une armée battue avait osé faire un siège et le mener tranquillement à fin en présence de ses vainqueurs (26 septembre). Cette marche fut très admirée et, dans un moment où la cour semblait désespérée de l'échec causé par La Ferté, regardée en France comme un avantage signalé. Pour en conserver le souvenir, on fit encore frapper une médaille, avec cette légende : *Fortuna redux*, et l'exergue : *Capella capta*, *M.DC.LVI*. Turenne fut également très félicité, et on lui donna, l'année suivante, la charge de Colonel-Général de la Cavalerie (24 avril 1657). En même temps, on lui promit de ne plus le commettre avec le maréchal de La Ferté, seule faveur qu'il eût demandée. Il est vrai que ce dernier sut racheter en partie sa faute en s'emparant, peu après, de Montmédy (6 août).

Turenne rentra alors en campagne, et il alla assiéger Saint-Venant, ville située sur la Lys, dans le comté d'Artois. Les Espagnols, n'osant cette fois attaquer nos lignes, coururent investir Ardres, dans la Picardie, espérant ainsi faire lever le siège de Saint-Venant. Mazarin n'ayant envoyé aucun argent à Turenne, il y avait lieu de croire qu'il tirerait assez en longueur pour que l'ennemi eût le temps de prendre Ardres : mais le maréchal, ayant fait couper sa vaisselle d'argent en morceaux pour la distribuer à ses soldats, les persuada si bien d'avancer les travaux que le gouverneur de Saint-Venant demanda à capituler (27 août). Sans attendre que la capitulation fût réglée, Turenne détacha aussitôt de son armée 4,000 cavaliers, auxquels il ordonna de marcher sur Ardres. A leur approche, Condé et don Juan d'Autriche levèrent le siège de cette place pour se retirer du côté de Bourbourg, où ils se retranchèrent entre l'Aa et la Colme. De son côté, Turenne, voyant que rien ne le pressait plus de les joindre, se retourna vers la

Lys, où il prit La Mothe-aux-Bois, qu'il rasa; marchant ensuite sur la Colme, il se rendit successivement maître de Cassel, de Vatten, du Fort-Rouge, des forts de Hennuyn, de Rupt, de Saint-Christophe, de la ville de Bourbourg; il contraignit Condé et don Juan d'Autriche à se retirer avec leur armée sous le canon de Dunkerque; enfin, le 3 octobre, il enleva Mardick, dont la prise alarma tellement les Espagnols que, dans la crainte qu'on n'allât assiéger Gravelines, ils levèrent leurs écluses et inondèrent quatre lieues de pays autour de cette place. Mais la saison était trop avancée pour une pareille entreprise, et Turenne, après avoir mis son armée en quartiers d'hiver, s'en retourna à la cour (3 décembre). On honora cette campagne d'une nouvelle médaille, avec la légende : *Fines defensi et ampliati*, et l'exergue : *Mardico et Fano Sancti-Venantii captis, Ardra obsidione liberata. M.D.C.LVII.* Cette mode devait se propager de plus en plus pendant le long règne de Louis XIV.

L'année 1658 allait marquer d'une façon plus retentissante. La France venait de faire alliance avec Cromwell, Protecteur de la nouvelle République d'Angleterre, et cette ligue lui donna enfin une supériorité plus marquée. Vingt vaisseaux anglais vinrent bloquer le port de Dunkerque, et 6,000 de ces vieux soldats puritains si connus sous le terrible sobriquet de « Côtes-de-Fer » renforcèrent l'armée de Turenne, qui, à son tour, investit la place par terre (15 mai). Condé et don Juan d'Autriche, ayant ramassé toutes leurs forces, accoururent également pour la secourir. Aux termes du traité conclu, Dunkerque devait rester aux Anglais, lesquels s'étaient engagés à nous aider à prendre ensuite Gravelines pour notre propre compte; il avait fallu se résoudre à cette clause. L'Europe avait les yeux sur cet événement. Le cardinal Mazarin mena Louis XIV auprès du théâtre de la guerre, sans lui permettre d'y monter, quoiqu'il eût près de vingt ans. Ce prince se tint dans Calais : ce fut là que Cromwell lui envoya une ambassade fastueuse, à la tête de laquelle figurait son gendre Falconbridge. Le roi la fit recevoir par le duc de Créquy et Mancini, duc de Nevers, neveu du cardinal, suivis de deux cents gentilshommes. Mancini présenta à l'envoyé du Protecteur une lettre de Mazarin, dans laquelle ce ministre lui disait « qu'il était affligé de ne pouvoir lui rendre en per-« sonne les respects dus au plus grand homme du monde ». Cette flatterie adressée au meurtrier de Charles Ier, gendre de Henri IV et oncle de Louis XIV, son maître, ne parut pas du goût de tout le monde ; mais on avait besoin des Anglais, et nul ne protesta.

Ce fut le 14 juin, dans la matinée, que l'armée espagnole et l'armée française engagèrent la lutte décisive au milieu des dunes de sable qui entourent la ville. Don Juan d'Autriche avait réussi à s'emparer d'avance d'un monticule très haut et très escarpé, de cent pas plus avancé vers nous que les autres ; il y avait posté un de ses bataillons et en avait fait avancer un second derrière pour le soutenir. Turenne chargea les Anglais d'enlever cette hauteur, le marquis de Créquy d'enfoncer l'ennemi avec son aile droite et le marquis de Castelnau de passer par la grève, qu'on nomme l'*estran*, avec l'aile gauche pour se replier de là sur les Espagnols et les prendre en flanc. Don Juan avait massé, au contraire, son armée en un seul corps de bataille, dont il commandait la droite, du côté de la mer, et dont il avait confié la gauche au prince de Condé, du côté de la prairie traversée par le canal de Furnes. Au premier signal, les Anglais montent à l'assaut de la dune ; ils l'escaladent dans le sable et, les rangs de derrière soutenant ceux qui sont devant avec la crosse du mousquet, ils se poussent l'un l'autre vers la cime. A mesure qu'ils montent, les Espagnols les renversent à coups de pique ; mais cette résistance irrite la ténacité des Anglais, ils grimpent de tous côtés avec acharnement, s'accrochent aux armes mêmes des ennemis, saisissent la pointe des hallebardes dont on veut les percer, s'en aident pour monter, arrivent enfin sur le sommet de la dune, y plantent leurs drapeaux et en précipitent les Espagnols. Notre infanterie leur vient alors en aide et charge vigoureusement deux bataillons accourus pour les débusquer; ces deux bataillons prennent la fuite avec tant de désordre qu'ils entraînent avec eux la cavalerie qui les devait soutenir. Pendant ce temps, le marquis de Castelnau non seulement avait pris en flanc le corps de bataille de l'ennemi, mais encore il s'était jeté brusquement entre sa première et sa seconde ligne et, ayant ainsi coupé ses rangs de droite, les avait pris à revers, les avait chargés de tous les côtés, puis jetés dans la plus grande confusion. Tous ceux qui pouvaient encore s'enfuir se sauvèrent; quant à la première ligne, où la fuite était impossible, on y fit prisonniers ceux qui consentirent à se rendre et on passa les autres au fil de l'épée. Turenne, qui se tenait au centre, observait du haut des dunes ce qui se passait, et, voyant que le marquis de Créquy s'engageait trop avant au milieu des ennemis, il courut aussitôt de ce côté pour l'en tirer. Cet officier avait d'abord fait plier l'aile gauche espagnole, qu'il avait eu ordre d'attaquer, et il l'avait même repoussée à plus de quatre cents mètres devant lui; mais, comme il n'était suivi que par quatre escadrons, les Espagnols, ayant reconnu la faiblesse de son escorte, n'avaient pas tardé à le ramener précipitamment jusqu'au front de notre aile droite. Le prince de Condé, suivant sa coutume de pousser un succès aussi loin qu'il pouvait aller, se mit alors à la tête de sa cavalerie et de ses volontaires, chargea à son tour vigoureusement le marquis et rompit même quelques-uns de nos rangs; peu s'en fallut que, perçant à travers notre armée, il ne pénétrât jusqu'à Dunkerque et ne secourût la ville assiégée après avoir déjà perdu la bataille. Mais Turenne intervint à temps pour dégager Créquy; menant lui-même à la charge les escadrons de notre aile droite, il enveloppa presque entièrement ceux du prince de Condé et, les prenant tout à la fois par la tête et par les deux flancs, exécuta un choc si furieux sur ce corps de cavalerie qu'il l'ouvrit en plusieurs endroits. Il y fit entrer presque aussitôt le comte de Bussy-Rabutin, avec des troupes fraîches. Les ennemis tombent de toutes parts, ou morts, ou blessés, ou démontés, sous le feu de nos soldats; tout plie, tout se renverse. Condé rallie jusqu'à trois fois ses escadrons; mais, toujours rompus par Turenne, ceux-ci se lassent enfin de revenir si souvent à la rescousse. Le prince s'expose inutilement à tous les dangers, croyant ainsi rendre aux siens quelque courage; il ne peut plus surmonter leur lassitude, ils l'abandonnent, à l'exception de quelques gentilshommes français qui ne veulent pas davantage se ménager. Cependant, Turenne pressait si vivement son adversaire et l'approchait de si près que le cheval du prince fut tué d'un coup de pistolet. Condé n'échappa au danger d'être pris que par le dévouement de Groussolles, des comtes de Meilles, de Coligny, de Boutteville, et du marquis de Rochefort, qui sacrifièrent leur liberté pour favoriser sa retraite. Comme cette défaite de l'aile gauche espagnole coïncida presque avec celle de l'aile droite, on vit toute l'armée ennemie rétrograder au même moment. Turenne renvoya alors le marquis de Richelieu devant Dunkerque avec sa réserve, pour renforcer les troupes demeurées sous ses murs et empêcher les assiégés de tenter aucune sortie; puis il commença la poursuite des Espagnols, qui abandonnèrent successivement tous leurs postes et se réfugièrent à Furnes. Dans cette désastreuse journée, l'ennemi avait perdu plus de 4,000 prisonniers; sa cavalerie était en déroute, la meilleure partie de son infanterie défaite, toute son armée, en un mot, tellement dissipée et détruite qu'à peine il put réunir 6,000 hommes pendant le reste de la campagne. Tel fut ce combat resté fameux sous le nom de bataille des Dunes.

Dunkerque se rendit le 24 juin. Le roi accourut avec son ministre pour voir défiler la garnison. En cette occasion, le cardinal n'avait laissé paraître Louis XIV ni comme guerrier, ni comme roi. Ce prince n'avait point d'argent à distribuer aux soldats; à peine était-il servi : il allait manger chez Mazarin ou chez le maréchal de Turenne quand il venait à l'armée. Cet oubli de la dignité royale n'était pas dans Louis XIV l'effet du mépris pour le faste, mais celui du dérangement de ses affaires et, surtout, du soin que le cardinal avait de réunir pour lui-même la splendeur et l'autorité. Du reste, le roi n'entra dans Dunkerque que pour la rendre à lord Lockhart, ambassadeur de Cromwell. Mazarin essaya bien d'éluder le traité; mais Lockhart menaça, et la fermeté anglaise l'emporta, malheureusement, sur l'habileté italienne.

On fit frapper deux médailles commémoratives de cette mémorable journée : l'une avec la légende : *Victoria pacifera*, et l'exergue : *Hispanis cæsis ad Dunkercam. M. DC.LVIII;* l'autre avec cette devise : *Dunkerca iterum capta*, et la date seule pour exergue.

Mazarin, qui s'était précédemment attribué l'honneur de l'affaire d'Arras, voulut engager Turenne à lui céder encore l'honneur de la bataille des Dunes. Il lui envoya le comte de Moret, pour l'engager à écrire une lettre par laquelle le maréchal reconnaissait que le ministre aurait dressé lui-même tout le plan des opérations. Turenne répondit nettement : « Que le cardinal pouvait se servir de tels « moyens qu'il lui plairait pour faire croire qu'il était un « grand général d'armée; qu'il n'empêcherait point qu'on « ne le crût; mais que, pour la lettre qu'il lui demandait, « il serait très fâché de fournir quelque titre qui pût auto- « riser une chose contraire à la vérité. » Mazarin ne pardonna jamais cette réponse mortifiante au maréchal. Quelque temps après, le roi tomba malade à Calais (6 juillet) et fut plusieurs jours à la mort. Aussitôt, tous les courtisans se tournèrent vers son frère, M. le duc d'Anjou. Mazarin prodigua ses flatteries et ses promesses au maréchal Du Plessis-Praslin, ancien gouverneur de ce jeune prince, ainsi qu'au comte de Guiche, son favori. Il se forma alors dans Paris une cabale assez hardie pour écrire à Calais contre le cardinal. Celui-ci prit ses mesures pour sortir du royaume, et pour mettre à couvert ses richesses immenses. Auparavant, il dépêcha à Turenne le comte de Moret, son homme de confiance ordinaire, pour lui demander s'il pourrait compter sur lui au cas où le roi vînt

à mourir. Le maréchal se borna à répondre : « Que,
« comme il croyait qu'il était du bien et de l'intérêt de
« l'État que le cardinal Mazarin restât dans son poste, il
« pouvait l'assurer que, si le duc d'Anjou parvenait à la
« couronne, il lui représenterait très fortement combien il
« serait dangereux d'ôter le soin des affaires à un ministre
« aussi établi que l'était alors ce cardinal. » Mazarin aurait
bien voulu qu'il eût promis d'employer son armée pour le
maintenir au ministère, et Moret s'y employa tant qu'il
put; mais Turenne ne voulut pas s'engager à autre chose.
Aussi le cardinal demeura-t-il dans de grandes inquié-
tudes tant que le roi fut en danger. Mais le roi recouvra
enfin la santé, et Mazarin exila tous ceux qui avaient ca-
balé contre lui.

VII

Fin de la campagne de 1658. — Mariage de Louis XIV.
— Turenne projette une descente en Angleterre.
— Traité des Pyrénées; fin de la guerre civile. —
Turenne est créé Maréchal-Général des armées de
France. — Son portrait. — Affaires du Portugal.
— Mort de Mme de Turenne. — Campagne de Flandre;
traité d'Aix-la-Chapelle. — Conversion de Turenne.

La maladie du roi avait suspendu les opérations de
Turenne; sa guérison lui permit de les reprendre. Depuis
la reddition de Dunkerque, il s'était rendu maître en
moins de huit jours du fort de Linck, des villes de Berghes,
de Furnes et de Dixmude. La prise de Gravelines suivit,
puis celles du château de Gavre et d'Oudenarde (9 septembre). Le maréchal marcha ensuite sur Ypres. Ayant ren-
contré sur sa route le prince de Ligne qui conduisait
3,000 hommes à Tournai, il les attaque et en fait
2,500 prisonniers. Il force les habitants de Menin à lui
laisser passer la Lys sur leur pont; il enlève, en outre,
un régiment de dragons que don Juan d'Autriche
envoyait dans Ypres et réduit cette forte place à capituler après cinq jours de siège (27 septembre). Il prend
encore Commines, Gramont et Ninove, et, maître de tout
le pays compris entre l'Yper, la Lys et l'Escaut, il envoie
ses détachements jusqu'aux portes de Bruxelles, où
Condé et don Juan avaient été obligés de se retirer. Pour
immortaliser le souvenir de la prise de toutes ces places,
le roi fit frapper une médaille avec la légende : *Victoria-*

rum impetus, et l'exergue : *Ad Scaldim, Lysam et Ype-
ram. M. DC. LVIII.* Seul, l'hiver mit fin à cette série de
conquêtes. Les Espagnols, inquiets, demandèrent la paix,
et leur ambassadeur don Louis de Haro vint la négocier
dans l'île des Faisans, à l'embouchure de la Bidassoa.
Mazarin demanda pour Louis XIV la main de l'infante
Marie-Thérèse : la cour de Madrid y consentit, après lui
avoir fait renoncer à ses droits sur les États de son père.
La France accorda aussitôt à l'Espagne une suspension
d'armes jusqu'à ce qu'on eût réglé définitivement les articles du contrat de mariage et du traité de paix. Les conférences durèrent quatre mois.

Pendant cette négociation, Turenne travaillait à un
autre projet. Cromwell étant mort quelque temps avant la
trêve, un parti considérable prit les armes en Angleterre
en faveur de Charles II. Le maréchal, ravi de trouver une
occasion de rendre service au Prétendant et persuadé en
même temps que le rétablissement de ce prince serait
avantageux à la France, résolut de profiter de cette circonstance pour le faire remonter sur son trône. On était
au mois de mai de l'année 1659. Turenne savait que la
flotte anglaise était dans la Baltique, que la paix était résolue et presque conclue avec l'Espagne : voyant qu'il n'y
avait rien à entreprendre pour notre armée dans le
royaume en ce moment, il la fit redescendre sur les côtes
de Picardie jusqu'à Montreuil, afin d'être à portée de disposer toutes choses pour l'embarquement, qui devait
s'opérer à Étaples. Il acheta, dans ce but, tous les vaisseaux qui croisaient dans ces parages, et toutes les munitions de guerre et de bouche nécessaires. Il donna ce qui
lui restait d'argent au duc d'York, qui vint à Montreuil,
et lui offrit en outre sa vaisselle plate, ainsi que son
crédit, pour emprunter de quoi fournir à la dépense de
cette expédition. Il voulut enfin que ses neveux, le duc de
Bouillon (son frère était mort le 9 août 1652) et le comte
d'Auvergne, accompagnassent ce prince en Angleterre.
Les choses étaient si avancées qu'on était déjà à la veille

du jour fixé pour l'embarquement, lorsqu'on apprit que le corps de troupes qui s'était déclaré pour le Prétendant avait été entièrement défait et dispersé par les Têtes-Rondes de Richard Cromwell, fils et successeur du précédent Protecteur; de sorte que Turenne dut renoncer, bien malgré lui, à son audacieuse entreprise.

Les articles du traité de paix entre la France et l'Espagne et ceux du contrat de mariage du roi avec l'infante furent arrêtés et signés peu après. Cette double convention diplomatique mettait fin à une guerre qui durait depuis vingt-cinq ans, et qui avait ruiné les finances des deux pays. La France y gagnait l'Artois et le Roussillon, plusieurs places en Flandre, en Hainaut et dans le Luxembourg; la précédente paix de Westphalie était reconnue par l'Espagne, à laquelle la France restituait tout ce qu'elle possédait en Catalogne et en Franche-Comté. L'infante apportait en dot 500,000 écus d'or; le duc de Lorraine rentrait en possession de ses États, mais à la condition qu'il démantelât Nancy et n'entretînt plus de troupes; Condé était reçu en grâce, en perdant toutefois sa charge de grand-maître de la maison du roi. Le roi d'Espagne sauvait les apparences; il n'abandonnait pas ses alliés et mariait puissamment sa fille, mais l'Europe ne s'y trompa point : la France triomphait, la politique de Richelieu et de Mazarin l'emportait partout; l'œuvre de Henri IV était consommée, et la maison d'Autriche humiliée dans ses deux branches. Nous y gagnions, en plus, d'avoir terminé la guerre civile.

Les victoires de Turenne avaient eu une grande part à ce succès. Louis XIV, pour le récompenser de ses services, lui donna la charge de Maréchal-Général de ses Camps et Armées (5 avril 1660). Le cardinal Mazarin lui fit même entendre qu'il ne tenait qu'à lui d'être élevé à une dignité plus haute; que la charge de Connétable, la première du royaume, avait été, à la vérité, supprimée à cause de la trop grande puissance qui s'y rattachait; mais que, néanmoins, le roi la rétablirait volontiers en sa fa-

MÉDAILLES COMMÉMORATIVES

9. Prise de Dunkerque. — 10. Campagne des Flandres. — 11. Défaite
de l'Électeur de Brandebourg. — 12. Bataille de Sintzheim.

veur si lui-même n'y mettait un obstacle en persistant dans la religion qu'il professait. Pour le moment, Turenne ne tint pas compte de l'insinuation.

C'est ici le lieu de reproduire le portrait que son biographe Raguenet nous a laissé de ce grand homme :

« Il y avait près de cinquante ans, dit-il, que le vicomte de Turenne était dans la Religion Calviniste ; mais, enfin, il commença à douter. Il ne s'en ouvrit néanmoins à personne, et il tâcha seulement de s'éclaicir lui-même de ses difficultés par la lecture des Livres Catholiques. Cette lecture augmenta ses doutes, et dès lors la Religion Calviniste lui devint suspecte. Il avait déjà de la révérence pour les choses saintes ; tout ce qui portait quelque caractère de Religion lui était sacré ; il respectait nos églises, nos mystères et jusqu'à nos cérémonies : aussi était-il en vénération aux Catholiques mêmes, ce qui n'est arrivé qu'à bien peu d'autres Calvinistes.

« Quant à ce qui regarde la société civile, jamais homme ne fut d'un commerce plus aisé : parlant des plus petites choses comme s'il eût ignoré les grandes, et cela avec les personnes de la moindre condition, sans jamais se prévaloir de la supériorité de son rang ni de celle de son esprit. Il s'accommodait avec tant de complaisance au caractère et à l'humeur de tout le monde qu'on était souvent étonné qu'avec de si grandes qualités pour la guerre il fût encore le plus poli et plus aimable homme de son temps. Tout était vrai et sincère en lui, sentiments, mœurs, manières. Aussi éloigné de la fausse modestie que de l'orgueil, il se laissait voir à tout le monde tel qu'il était : il parlait de ses actions avec simplicité et avec ingénuité, sans rien exagérer par une vanité ouverte et sans rien abaisser par le raffinement d'une vanité plus détournée. Ennemi déclaré des flatteurs, qui que ce soit n'eût osé le louer. Il marchait le plus souvent sans équipages et sans domestiques, se mêlant dans la foule comme un homme du commun ; mais il avait beau se confondre, sa réputation le faisait partout reconnaître : le peuple, au milieu du-

quel il se mêlait avec tant de modestie, ne laissait pas de
le regarder comme un des plus grands ornements du
siècle. Chacun s'empressait pour le voir : ceux qui le
connaissaient le montraient des yeux et du geste à ceux
qui ne le connaissaient pas. Les étrangers qui venaient
en France s'en retournaient satisfaits quand ils l'avaient
vu, et souvent nos ennemis même enchérissaient sur nous
quand on se mettait à faire le dénombrement de ses
exploits ou à repasser la mémoire de ses vertus.

« Réduit à quelque chose de plus particulier encore et
renfermé, pour ainsi dire, dans les bornes de sa maison,
il n'était pas moins admirable qu'à la guerre et dans la
société. C'est là qu'il paraissait véritablement grand, par
la seule sagesse. Jusqu'aux gens qui le servaient, tout le
monde était étonné de cette sagesse : car, au lieu que la
plupart de ceux qui attirent l'admiration du public font
pitié à leurs domestiques, témoins de leurs faiblesses, c'é-
taient ceux qui étaient proche de sa personne qui avaient
pour lui des sentiments d'une plus profonde vénération,
parce que, voyant ses vertus de plus près, ils connaissaient
mieux combien le motif en était pur et désintéressé. C'é-
tait le plus parfait époux et le meilleur maître qui fut jamais.
Toutes les lettres qu'il a écrites à la vicomtesse de Turenne, sa femme, sont pleines de politesses qui vont quelquefois jusqu'au respect. On n'y saurait voir sans surprise
l'attention qu'il avait pour elle, au milieu de tant de grandes
affaires dont il était chargé. Il est impossible qu'elle ne
fût fort sensible à la manière dont il lui ouvre son cœur
dans ces lettres; mais, ce qui vraisemblablement la tou-
chait encore plus, c'est une certaine joie vive qui y est
partout répandue et qui fait voir qu'il n'avait point de
plus grand plaisir que celui de lui écrire.

« Pour ce qui est de ses domestiques, il voulait absolument que chacun fît son devoir; mais, quand ils étaient
sages, ils étaient sûrs de sa protection pour eux et leurs
familles. S'ils avaient une affaire, il en faisait la sienne
et la sollicitait en personne, sans vouloir toutefois que

son crédit fît tort à qui ce soit. Aussi sa maison était-elle remplie d'honnêtes gens ; et il n'y avait pas un de ses domestiques qui n'eût de la probité et de l'honneur, soit que ceux qu'il choisissait fussent tels par eux-mêmes ou qu'il communiquât quelque chose de son caractère à tous ceux qui l'approchaient.

« Quant au goût qu'il pouvait avoir pour ce qu'on appelle Littérature, il estimait les gens de Lettres et il les attirait chez lui. Il aimait l'Histoire, et il en savait faire son profit. Il n'ignorait rien de ce qu'un prince doit savoir et ne s'amusait pas à apprendre ce qu'il doit ignorer. La conversation des gens de bon sens et la lecture des livres solides occupèrent une partie de son loisir pendant les six ou sept années de paix qui suivirent le traité des Pyrénées. Mais ces occupations tranquilles n'empêchaient pas qu'il ne prît part aux affaires publiques pendant ce temps-là et que de son cabinet il ne donnât, pour ainsi dire, le branle à ce qui se faisait de plus considérable chez nos voisins. »

Toute l'Europe avait alors les yeux tournés sur le Portugal. Les Espagnols s'étaient emparés de ce royaume en 1580. Soixante ans plus tard, en 1640, les Portugais, voyant toutes les forces de l'Espagne occupées à résister à la France, avaient secoué le joug et proclamé roi le duc de Bragance, lequel se maintint aisément sur le trône tant que cette guerre dura. Mais la paix de 1660 permit aux Espagnols de retourner toutes leurs troupes sur le Portugal, et don Juan d'Autriche y mena ses vieilles bandes et ses officiers expérimentés de l'armée de Flandre. Les Portugais, sans généraux et sans alliés, n'avaient que très peu de soldats pour soutenir la lutte, et leur situation était devenue des plus précaires. Sachant combien il importait à la France d'empêcher que les Espagnols se rendissent maîtres de ce petit pays, Turenne entreprit de le défendre en son nom contre les efforts des envahisseurs. Pour concerter les moyens de cette résistance, il lui fallait nécessairement conférer avec le comte de Souza, ambassadeur du roi de Portugal à Paris, et que cela se fît si secrètement que celui d'Espagne n'en eût aucun soupçon, puisque par le traité des Pyrénées nous venions de nous engager à abandonner absolument les Portugais. D'autre part, l'hôtel du maréchal était trop fréquenté pour que Souza pût se rendre chez lui. C'est pourquoi Turenne confia le secret de cette négociation à son neveu le duc d'Albret, si célèbre depuis sous le nom de cardinal de Bouillon, doyen du Sacré-Collège, alors âgé de dix-neuf ans, mais d'une entière discrétion. Le jeune prince sut tenir Souza caché dans une maison de campagne à l'insu de tous, pendant tout le temps nécessaire : le maréchal y tint plusieurs conférences avec l'ambassadeur pour prendre connaissance des forces réelles du Portugal; puis, se trouvant suffisamment instruit du nombre des troupes et de l'état des places de ce royaume, il engagea le comte de Schomberg à en aller prendre la défense. Ce choix était d'autant plus judicieux que, en outre de la capacité de cet officier-général, sa qualité d'étranger permettait de le désavouer au cas où les Espagnols viendraient à se plaindre de notre intervention indirecte. De plus, Turenne décida le roi d'Angleterre Charles II, qui venait d'être rétabli, à épouser l'infante de Portugal et à envoyer un corps de troupes au secours de ce royaume. Il contribua beaucoup également à le déterminer à nous vendre la ville de Dunkerque au prix de cinq millions de livres pour avoir de quoi fournir à l'entretien de ces troupes, et il fit passer un grand nombre de soldats et d'officiers français en Angleterre, d'où on les transporta en Portugal pour y servir sous les ordres de Schomberg. Ce général profita si bien de l'aide et des avis de Turenne qu'il battit en diverses rencontres les Espagnols et soutint la guerre avec avantage contre eux jusqu'au moment où le roi d'Espagne, fatigué de la lutte, renonça à ses prétentions, pour reconnaître la maison de Bragance par un traité en date du 18 février 1668. Les Portugais, voulant témoigner leur reconnaissance au maréchal, lui envoyèrent, après une délibération spéciale de leur Conseil d'État, le marquis de Sande avec pleins pouvoirs de traiter le mariage d'une de ses nièces avec l'infant don Pèdre, qui plus tard devint roi de Portugal. Néanmoins, ce mariage ne s'étant pas accompli, la nièce de Turenne épousa le duc Maximilien de Bavière, frère de l'Electeur de ce nom.

Cependant, les affaires du Portugal ne préoccupaient pas tellement Turenne qu'il ne donnât en même temps ses soins à celles de la France. « On lui communiquait, rapporte encore Raguenet, les instructions que l'on donnait aux ambassadeurs que nous envoyions dans les cours étrangères et les affaires les plus secrètes qu'on négociait alors avec les princes et les Etats souverains de l'Europe, et nous avons encore ce qu'il a écrit sur ces sortes de matières. Il y démêle les divers intérêts des princes avec les vues d'une politique très fine, et on y trouve des réflexions si sages qu'on peut les comparer à ce qu'il y a de plus sensé dans les meilleurs ouvrages que l'on a faits touchant les lois de la guerre et de la paix. Outre cela, il assistait de temps en temps au Conseil, où, toutes les fois que nos voisins nous fournissaient des occasions de rompre la paix, il fut le premier à dissuader de la guerre, quelque gloire qu'il fût comme assuré d'en retirer. Le roi rendait à son désintéressement toute la justice qui lui était due, ainsi qu'à ses autres grandes qualités. De son côté, le vicomte de Turenne ne l'approchait qu'avec une espèce de timidité, et c'était toujours avec les manières les plus respectueuses qu'il lui parlait et qu'il traitait les affaires en sa présence. Cette timidité, néanmoins, ne l'empêchait pas de parler fortement contre les fautes des ministres même les plus accrédités, de solliciter vivement le roi en faveur des gens de mérite et de lui demander jusqu'à l'importunité les principaux emplois du royaume pour ceux qui avaient les qualités les plus propres à les remplir, sans que ces gens-là même n'en sussent rien. Dès qu'il les connaissait les plus dignes, il représentait continuellement leur capacité et leurs services jusqu'à ce qu'il eût obtenu les postes qu'il demandait pour eux. » Toutefois, autant il était ardent à procurer un légitime emploi aux autres, autant il l'était peu à recevoir ce qui lui était offert. En 1666, cinq des Provinces-Unies voulaient qu'on le demandât à Louis XIV pour commander les troupes de la République, et le Grand-Pensionnaire de Witt approuvait ce dessein, afin que le prince d'Orange pût se former au métier des armes sous un aussi grand maître; mais Turenne ne jugea pas à propos d'accepter, si honorable qu'il fût pour lui, le commandement des armées hollandaises. La mort de Mme de Turenne, qui arriva cette même année, mit encore en relief la délicatesse de ses sentiments. Comme il n'avait point d'enfants de son mariage et qu'il devait restituer sa dot au duc de La Force, il voulut rendre à son beau-père plus qu'il n'avait reçu; le duc, de son côté, en voulait accepter moins qu'il ne lui appartenait : ce combat de générosité, dont on retrouverait si peu d'exemples, dura longtemps entre l'un et l'autre.

L'année suivante le roi, ne pouvant tirer aucune raison de l'Espagne au sujet de quelques provinces des Pays-Bas qu'il prétendait appartenir à la reine par droit de dévolution, résolut de porter la guerre en Flandre. Depuis la mort de Mazarin, survenue le 9 mars 1661, Louis XIV gouvernait par lui-même. Il soumit son dessein à Turenne, lui confia la direction suprême des opérations et, en même temps, lui déclara qu'il le suivrait en personne afin de débuter sous ses ordres. Pour répondre à cette flatteuse déférence, le maréchal fit prendre immédiatement à l'armée la route des Flandres, et, si tôt qu'elle fut rassemblée sur la frontière, le roi la rejoignit (20 mai 1667). Il fut résolu que le gros des troupes, fort de 35,000 hommes, attaquerait la Flandre par le milieu, et qu'on aurait deux camps volants sur les ailes : l'un, de 4,000 hommes, dans le Luxembourg, sous les ordres du marquis de Créquy, pour surveiller les Allemands; l'autre, de 8,000 hommes, vers la mer, sous le commandement du maréchal d'Aumont, pour attaquer quelques places de ce côté-là. En même temps, le duc de Noailles fut envoyé dans son gouvernement de

Roussillon avec quelques régiments pour tenir cette province. Ces diverses répartitions faites, le grand corps d'armée, sous le commandement de Turenne, marcha sans plus de retard à Charleroi, sur la Sambre. A son approche, le marquis de Castel-Rodrigo, gouverneur des Pays-Bas, fit sauter les fortifications de la place et l'abandonna; mais les vainqueurs rétablirent promptement ces ouvrages. On s'empara ensuite de Binche et d'Ath, entre la Sambre et l'Escaut, puis de Tournay. Douai, sur la Scarpe, ne résista pas plus de trois jours (6 juillet); Oudenarde, sur l'Escaut, et Alost, sur la Teure, ne tinrent que vingt-quatre heures. Après quoi ce fut le tour de Lille, l'ancienne capitale de la province, fortifiée de quatorze bastions, entourée de doubles fossés, défendue par une garnison de 6,000 hommes et par une population de 30,000 habitants portant les armes; elle capitula après sept jours de tranchée ouverte (27 août). De son côté, le maréchal d'Aumont prenait Berghes, Furnes, le fort Saint-François, Armentières et Courtray; si bien que l'armée française enleva treize places en moins de quatre mois. Le roi voulait que Turenne lui fît remarquer tout ce qui se passait, qu'il l'accompagnât à la tranchée, qu'il lui rendît raison de toutes choses. Après la prise de Lille, le maréchal envoya un détachement contre le comte de Marsin et le prince de Ligne, qui avaient assemblé un corps de troupes pour entraver nos entreprises : comme ils battaient en retraite, on les attaqua auprès du canal de Bruges, où ils furent mis en déroute après avoir perdu 700 morts et plus de 1,500 prisonniers. Les ennemis n'osèrent plus paraître devant nous. Le roi, se voyant maître de la campagne, établit des contributions jusqu'aux portes des plus grandes villes, força les petites places à demander la neutralité, pourvut à la sûreté de celles dont il s'était rendu le maître, enfin fit observer la discipline la plus exacte à ses troupes dans le pays nouvellement conquis, afin de gagner le cœur des populations et de les faire revenir de l'aversion que les Flamands avaient eue jusque-là pour la domination française.

L'Espagne, appréhendant encore une fois de perdre les
Pays-Bas, offrit de terminer par un accommodement les
contestations faisant le sujet de cette guerre. La France
accepta cette proposition, et la ville d'Aix-la-Chapelle fut
choisie pour le siège des conférences. Toutefois, afin
d'empêcher que les négociations tirassent en longueur,
Louis XIV en personne, suivi du prince de Condé, alla
attaquer la Franche-Comté (février 1668). Quoiqu'on fût
au plus fort de l'hiver, l'armée royale soumit cette province en dix jours. La rapidité d'une pareille conquête
augmenta les alarmes des Espagnols ; ils demandèrent
avec empressement la paix. Elle fut enfin conclue par
un traité (2 mai) portant que, en rendant la Franche-Comté
aux Espagnols, la France demeurait maîtresse de toutes
les places prises par les troupes dans la Flandre.

Quelque temps après (23 octobre), le maréchal de Turenne abjurait le Calvinisme entre les mains de l'archevêque de Paris, mais sans ostentation. Huit ans auparavant Louis XIV, en le créant maréchal-général de ses
armées, lui avait dit : « Je voudrais que vous m'obligeas-
« siez à faire quelque chose de plus pour vous. » Quelques
sceptiques firent alors remarquer que de telles paroles
pouvaient, avec le temps, opérer une conversion. Toutefois, étant donnée la droiture naturelle de son caractère, il
est probable que ce changement de religion ne fut dicté
par aucun motif de politique ou d'ambition.

VIII

CAMPAGNE DE HOLLANDE. — CAMPAGNE CONTRE L'ÉLEC-
TEUR DE BRANDEBOURG. — CAMPAGNES SUR LES BORDS
DU RHIN, EN ALSACE, DANS LE PALATINAT. — AFFEC-
TION DES SOLDATS DE TURENNE POUR LEUR GÉNÉRAL.

La fortune et l'ambition de Louis XIV n'alarmaient pas seulement l'Espagne, mais toute l'Europe. L'Empire commença à se remuer, et l'Empereur à lever des troupes ; les Suisses, voisins des Francs-Comtois, et qui n'avaient guère d'autre bien que leur liberté, tremblèrent pour elle ; le reste de la Flandre pouvant être envahi au printemps prochain, les Hollandais, à qui il avait toujours importé jusque-là d'avoir les Français pour amis, frémissaient maintenant de les avoir pour voisins. L'Espagne alors eut recours à ces mêmes Hollandais et fut, en effet, protégée par leur petite nation, qui ne lui paraissait, auparavant, que méprisable et rebelle. Le Grand-Pensionnaire Jean de Witt, le chevalier William Temple et le comte de Dhona résolurent l'union de la Hollande, de l'Angleterre et de la Suède pour arrêter les progrès du roi de France : le traité de coalition fut proposé et conclu en cinq jours ; l'empereur Léopold s'y rallia en secret.

Louis XIV fut indigné qu'un petit État tel que la Hollande conçût l'idée de borner ses conquêtes. Il dissimula toutefois, attendant une occasion plus propice. Au commencement de l'année 1670, il acheta à prix d'or le concours de Charles II à ses desseins, puis, un peu plus tard et par le même moyen, la neutralité du roi de Suède. L'Empereur se trouvant occupé ailleurs par les séditions de la Hongrie et l'Espagne encore trop faible pour rentrer en scène, la Hollande resta seule en présence du dangereux ennemi qu'elle avait bravé. Au printemps de l'année 1672, Louis XIV réunit une formidable armée sur les bords de la Sambre. Les États-Généraux consternés écrivirent au roi, demandant humblement si les grands préparatifs qu'il faisait étaient destinés contre eux, ses anciens et fidèles alliés? en quoi ils l'avaient offensé? quelle réparation il exigeait? Il répondit « qu'il ferait de ses « troupes l'usage que demanderait sa dignité, dont il ne « devait compte à personne ». Ses ministres alléguaient l'insolence des gazettes hollandaises, en même temps que le roi d'Angleterre faisait demander raison aux États d'un tableau injurieux que Cornélis de Witt, frère du Pensionnaire, avait exposé, pour le narguer, aux regards du public. Il eût été peut-être plus digne des deux puissants royaumes d'alléguer d'autres prétextes, d'autant plus que les causes sérieuses de conflit ne manquaient pas.

Il n'y avait pour les Hollandais aucune concession à attendre de Louis XIV, assoiffé de gloire militaire, rempli d'orgueil et ne se connaissant plus d'égaux. On lui avait donné pour devise un soleil avec cette légende : *Nec pluribus impar*, et sa vanité satisfaite n'avait pas protesté. Voici, du reste, le portrait que Saint-Simon a tracé de ce prince dans sa jeunesse :

« Roi presque en naissant, étouffé par la politique d'une mère qui voulait gouverner, plus encore par le vif intérêt d'un pernicieux ministre qui hasarda mille fois l'État pour son unique grandeur, et asservi sous ce joug tant que vécut ce premier ministre, c'est autant de retranché sur le règne de ce monarque. Toutefois, il pointait sous ce joug; il comprenait l'oisiveté comme l'ennemie de la gloire ; il eut assez de sentiment pour se croire délivré à la mort de Mazarin, s'il n'eut pas assez de force pour se délivrer plus tôt. C'est même un des beaux endroits de sa vie, et dont le fruit a été du moins de prendre cette maxime, que rien n'a pu ébranler depuis, d'abhorrer tout premier ministre et non moins tout ecclésiastique dans son Conseil. Il en prit dès lors une autre, mais qu'il ne put soutenir avec la même fermeté, parce qu'il ne s'aperçut presque pas, dans l'effet, qu'elle lui échappât sans cesse : ce fut de gouverner par lui-même, qui fut la chose dont il se piqua le plus, dont on le loua et le flatta davantage, et qu'il exécuta le moins.

« Né avec un esprit au-dessous du médiocre, mais un esprit capable de se former, de se limer, de se raffiner, d'emprunter d'autrui sans imitation et sans gêne, il profita infiniment d'avoir toute sa vie vécu avec les personnes du monde qui toutes en avaient le plus, et des plus différentes sortes, en hommes et en femmes de tout âge, de tout genre et de tout personnage. Il aima la gloire, il voulut l'ordre et la règle ; il est né sage, modéré, secret, maître de ses mouvements et de sa langue ; le croira-t-on ? il était né bon et juste, et Dieu lui avait donné assez pour être un bon roi et, peut-être même, un assez grand roi. Tout le mal lui vint d'ailleurs. Sa première éducation fut tellement abandonnée que personne n'osait approcher de son appartement. On lui a souvent ouï parler de ces temps avec amertume, jusque-là qu'il racontait qu'on le trouva un soir tombé dans le bassin du jardin du Palais-Royal à Paris, où la cour demeurait alors.

« Dans la suite, sa dépendance fut extrême. A peine lui apprit-on à lire et à écrire, et il demeura tellement ignorant que les choses les plus connues d'histoire, d'événements, de fortune, de conduite, de naissance, de lois, il n'en sut jamais un mot. Il tomba par ce défaut, et quelquefois en public, dans les absurdités les plus grossières.

« Ses ministres, ses généraux, ses courtisans s'aperçurent bientôt, après qu'il fut le maître, de son faible plutôt que de son goût pour la gloire. Ils le louèrent à l'envi, et le gâtèrent. Les louanges, disons mieux, la flatterie lui plaisait à tel point que les plus grossières étaient bien reçues, les plus basses encore mieux savourées. Ce n'était que par là qu'on s'approchait de lui, et ceux qu'il aima n'en furent redevables qu'à heureusement rencontrer et à ne se jamais lasser en ce genre. C'est ce qui donna tant d'autorité à ses ministres, par les occasions continuelles qu'ils avaient de l'encenser, surtout de lui attribuer toutes choses et de les avoir apprises de lui. La souplesse, la bassesse, l'air admirant, dépendant, rampant, plus que tout l'air de néant sinon par lui étaient les uniques voies de lui plaire. Pour peu qu'on s'en écartât, on n'y revenait plus, et c'est ce qui acheva la ruine de Louvois.

« Ce poison ne fit que s'étendre. Il parvint jusqu'à un comble incroyable dans un prince qui n'était pas dépourvu d'esprit et qui avait de l'expérience. Lui-même, sans avoir ni voix ni musique, chantait dans ses particuliers les endroits les plus à sa louange des prologues des opéras. On l'y voyait baigné, et jusqu'à ses soupers publics au grand couvert, où il y avait quelquefois des violons, il chantonnait entre ses dents les mêmes louanges quand on jouait les airs qui étaient faits dessus.

« De là ce désir de gloire qui l'arrachait par intervalles à l'amour ; de là cette facilité à Louvois de l'engager à de grandes guerres, tantôt pour culbuter Colbert, tantôt pour se maintenir ou s'accroître, et de lui persuader en même temps qu'il était plus grand capitaine qu'aucun de ses généraux et pour les projets et pour les exécutions, en quoi les généraux l'aidaient eux-mêmes pour plaire au roi. Je dis les Condé, les Turenne, et à plus forte raison tous ceux qui leur ont succédé. Il s'appropriait tout avec une facilité et une complaisance en lui-même admirables, et se croyait tel qu'ils le dépeignaient en lui parlant. De là ce goût de revues qu'il poussa si loin que ses ennemis

l'appelaient « le roi des revues », ce goût des sièges pour
y montrer sa bravoure à bon marché, s'y faire retenir à
force, étaler sa capacité, sa prévoyance, sa vigilance, ses
fatigues auxquelles son corps robuste et admirablement
conformé était merveilleusement propre, sans souffrir de
la faim, de la soif, du froid, du chaud, de la pluie, ni d'aucun mauvais temps. Il était sensible aussi à entendre
admirer le long des camps son grand air et sa grande
mine, son adresse à cheval et tous ses travaux. C'était de
ses campagnes et de ses troupes qu'il entretenait le plus
ses courtisans. Il parlait bien, en bons termes, avec jus-
tesse ; il faisait un conte mieux qu'homme du monde, et
aussi bien un récit. Ses discours les plus communs
n'étaient jamais dépourvus d'une naturelle et sensible
majesté.

« Son esprit, naturellement porté au petit, se plut en
toutes sortes de détails. Il entra sans cesse dans les derniers sur les troupes. Habillements, armements, évolu-
tions, exercices, discipline, en un mot toutes sortes de
bas détails. Il ne tarissait pas non plus sur ses bâtiments,
sa maison civile, ses extraordinaires de bouche ; il croyait
toujours apprendre quelque chose à ceux qui en ces
genres-là savaient le plus, et qui de sa part recevaient en
novices des leçons qu'ils savaient par cœur il y avait longtemps. Ces pertes de temps, qui paraissaient au roi avoir
tout le mérite d'une application continuelle, étaient le
triomphe de ses ministres, qui, avec un peu d'art et d'expérience à le tourner, faisaient venir comme de lui ce
qu'ils voulaient eux-mêmes et conduisaient le grand selon
leurs vues, et trop souvent selon leur intérêt, tandis
qu'ils s'applaudissaient de le voir se noyer dans ces détails.

« C'est donc avec grande raison qu'on doit déplorer
avec larmes l'horreur d'une éducation uniquement dres-
sée pour étouffer l'esprit et le cœur de ce prince, le poison
abominable de la flatterie la plus insigne qui le déifia dans
le sein même du Christianisme, et la cruelle politique de

ses ministres qui l'enferma et qui, pour leur grandeur, leur puissance et leur fortune, l'enivrèrent de son autorité, de sa grandeur, de sa gloire jusqu'à le corrompre et à étouffer en lui, sinon toute la bonté, l'équité, le désir de connaître la vérité que Dieu lui avait donné, au moins l'émoussèrent presque entièrement et empêchèrent sans cesse qu'il ne fît aucun usage de ces vertus; dont son royaume et lui-même furent les victimes.

« De ces sources étrangères et pestilentielles lui vint un tel orgueil que ce n'est point trop dire que, sans la crainte du Diable, que Dieu lui laissa jusque dans ses plus grands désordres, il se serait fait adorer et aurait trouvé des adorateurs, témoin entre autres ces monuments si outrés, pour en parler même sobrement, sa statue de la place des Victoires et sa païenne dédicace, où j'étais, où il prit un plaisir si exquis, et cet orgueil en tout le reste qui le perdit, dont on a vu tant d'effets funestes. »

Avec un prince de ce caractère, comment les Hollandais s'étaient-ils aventurés à des provocations maladroitement mesquines? C'étaient eux qui, à Aix-la-Chapelle, avaient suggéré la restitution de la Franche-Comté à l'Espagne, et ils avaient fait frapper à cette occasion une médaille commémorative avec cette trop emphatique légende: *Assertis Legibus; emendatis Sacris; adjutis, defensis, conciliatis Regibus; vindicata Marium libertate; stabilita orbis Europæ quiete !* En même temps, ils avaient opposé à la devise de Louis XIV un Josué arrêtant le soleil et lui criant : *In conspectu meo stetit sol !* Il n'en fallait pas tant pour exaspérer le roi de France.

Sa vengeance, dans tous les cas, fut royale. Son amour de la mise en scène ne fut jamais égalé que par Néron, cet autre merveilleux artiste qui n'hésita point à brûler Rome pour donner au poème qu'il chantait sur l'incendie de Troie — l'opéra de ce temps-là ! — un cadre digne et vrai. Tout ce que les efforts de l'ambition et de la prudence humaine peuvent préparer pour détruire une nation, Louis XIV l'avait fait. Il n'y a pas chez les hommes d'exemple d'une petite entreprise formée avec des préparatifs plus formidables ; de tous les conquérants qui ont envahi une partie du monde, il n'y en a pas un qui ait commencé ses conquêtes avec autant de troupes réglées et autant d'argent que Louis en employa pour subjuguer le petit État des Provinces-Unies. 50 millions, qui en feraient bien aujourd'hui 200, furent consommés à cet appareil. Trente vaisseaux de cinquante pièces de canon joignirent la flotte anglaise, forte de cent voiles. Le roi, avec son frère, alla sur les frontières de la Flandre espagnole et de la Hollande, vers Maestricht et Charleroi, avec plus de 112,000 hommes. L'évêque de Munster et l'Electeur de Cologne, nos alliés, en avaient environ 20,000. Les généraux de l'armée du roi étaient Turenne et Condé ; Luxembourg commandait sous eux. Vauban devait conduire les sièges ; le ministre Louvois était partout, avec sa vigilance ordinaire. Jamais on n'avait vu une armée si magnifique et, en même temps, mieux disciplinée.

La maison militaire du roi, nouvellement reformée, offrait surtout un spectacle imposant. On y voyait quatre compagnies des gardes du corps, chacune composée de 300 gentilshommes, entre lesquels il y avait beaucoup de jeunes *cadets* sans paye, assujettis comme les autres à la régularité du service ; 200 gendarmes de la garde, 200 chevau-légers, 500 mousquetaires, tous gentilshommes choisis, parés de leur jeunesse et de leur bonne mine ; douze compagnies de gendarmerie, depuis augmentées jusqu'au nombre de seize ; les Cent-Suisses même accompagnaient le roi, et ces régiments des gardes françaises et suisses montaient la faction devant sa maison ou devant sa tente. Ces troupes, pour la plupart couvertes d'or et d'argent, étaient en même temps un objet de terreur et d'admiration pour des populations chez qui toute espèce de magnificence était inconnue. Une discipline devenue encore plus exacte avait mis dans l'armée un nouvel ordre. Il n'y avait point encore d'inspecteurs de cavalerie et d'infanterie, comme on en vit depuis; mais deux hommes, uniques alors chacun dans leur genre, en faisaient les fonctions : Martinet pour l'infanterie, le chevalier de Fourilles pour la cavalerie. Il y avait un an que Martinet avait fait adopter l'usage de la baïonnette dans quelques régiments; avant lui, on ne s'en servait pas d'une manière constante et uniforme. Ce dernier effort de ce que l'art militaire avait inventé de plus terrible, qui devait créer la réputation du fantassin français et lui assurer la victoire sur tous les champs de bataille du monde pendant deux siècles, était connu, mais peu pratiqué, parce que les piques prévalaient. Il avait également imaginé des pontons de cuivre, qu'on portait aisément sur des charrettes. Le roi, avec tant d'avantages, sûr de sa fortune et de sa gloire, menait avec lui un historien qui devait raconter ses victoires; c'était Pellisson, plus capable de bien écrire que de ne pas flatter.

Ce qui avançait encore la chute prochaine des Hollandais, c'est que le marquis de Louvois avait fait acheter chez eux par le comte de Bentheim, secrètement gagné, une grande partie des munitions qui allaient servir à les détruire, et avait ainsi dégarni beaucoup leurs magasins. Il n'était point étonnant, du reste, que des marchands eussent vendu ces provisions avant la déclaration de guerre, eux qui en vendaient tous les jours à leurs ennemis pendant les plus vives campagnes. On sait qu'un négociant de ce pays avait autrefois répondu au prince Maurice de Nassau, qui le réprimandait sur un pareil commerce : « Monseigneur, si on pouvait par mer faire « quelque commerce avantageux avec l'Enfer, je hasarderais d'y aller brûler mes voiles. » Cet amour du lucre chez un peuple de trafiquants peut les mener loin. Contre Turenne, Condé, Luxembourg, Vauban, contre 130,000 combattants, une artillerie prodigieuse et de l'argent avec lequel on attaquait encore la fidélité des commandants des places ennemies, la Hollande n'avait à opposer qu'un jeune prince de vingt-deux ans, Guillaume d'Orange, d'une constitution faible, n'ayant encore vu ni sièges ni combats, et environ 25,000 mauvais soldats constituant toute la garde du pays. Il est vrai qu'elle possédait ses terribles écluses, qu'un désespoir exaspéré pouvait utiliser efficacement contre l'envahisseur. Mais Guillaume ne sut pas se résoudre à user, dès le début, de cette défense redoutable pour briser l'ouragan déchaîné contre son pays. « Ce prince de vingt ans, dans cet embarras effroyable, dit Michelet, perdit de vue l'affaire essentielle, et le salut fut l'œuvre du hasard. Guillaume, reculant jusqu'au fond de la Hollande, ne couvrait plus ni La Haye, siège des États, ni Amsterdam, le cœur du pays, ni le point fatal des écluses, auquel tenait la ressource dernière. » Les armes françaises purent ainsi fondre tranquillement sur les Provinces-Unies, que rien ne secourait plus. L'imprudent duc de Lorraine, qui avait voulu lever des troupes pour essayer de larroner sous l'égide de la République, venait de voir tout à coup son duché saisi « avec la même facilité, remarque plaisamment Voltaire, qu'on s'empare d'Avignon quand on est mécontent du Pape ». Pendant ce temps, le roi faisait avancer ses armées vers le Rhin, dans ces pays qui confinent à la Hollande, à Cologne et à la Flandre. Il faisait distribuer de l'argent à tous les villages pour payer le dommage que les troupes y pouvaient causer. Si quelque gentilhomme des environs venait se plaindre, il était sûr d'avoir un présent. Un envoyé du gouvernement des Pays-Bas, étant venu risquer une représentation au roi sur quelques dégâts commis par ses soldats, reçut de la main de Louis XIV son portrait enrichi de diamants, estimé plus de 12,000 francs. Cette conduite étudiée attirait l'admiration des peuples et augmentait la crainte de sa puissance. Nous avons cru devoir nous étendre sur cette politique d'ostentation, qui d'ailleurs manqua rarement son effet, parce qu'elle inaugura une véritable révolution dans l'art de la guerre.

Le roi était à la tête de sa maison et de ses plus belles troupes, comptant 30,000 hommes, que Turenne commandait sous lui. Le prince de Condé menait une armée aussi forte. Les autres corps, conduits tantôt par Luxembourg, tantôt par Chamilli, faisaient dans l'occasion des corps séparés ou se rejoignaient selon le besoin. On commença par assiéger à la fois quatre villes, dont le nom ne mérite de place dans l'histoire que par cet événement : Orsoy, Rheinberg, Büderick, Wesel, prises aussitôt qu'investies (2 juin). Celle de Rheinberg, notamment, que le roi voulut assiéger en personne, n'essuya pas un coup de canon; pour mieux assurer sa prise, on avait corrompu d'avance le lieutenant de la place, un Irlandais nommé Dosseri, qui eut la lâcheté de se vendre et l'imprudence de se retirer ensuite à Maestricht, où le prince d'Orange le fit punir de mort.

Toutes les places qui bordent le Rhin et l'Issel se rendirent. Quelques gouverneurs envoyèrent leurs clés dès qu'ils virent seulement passer de loin un ou deux escadrons français; plusieurs officiers s'enfuirent des villes où ils tenaient garnison avant que l'ennemi fût dans leur territoire : la consternation était générale. Le prince d'Orange n'ayant point encore assez de troupes pour paraître en campagne, toute la Hollande s'attendait à passer sous le joug dès que Louis XIV aurait franchi le Rhin. Guillaume fit élever à la hâte des lignes au delà de ce fleuve, puis, après les avoir construites, il reconnut son impuissance à les garder. Il ne s'agissait plus que de savoir en quel endroit les Français voudraient faire un pont de bateaux et de s'opposer, si on pouvait, à ce passage. En effet, l'intention du roi était de traverser le fleuve sur un pont de ces petits bateaux inventés par Martinet. Des gens du pays informèrent alors le prince de Condé que la sécheresse de la saison avait formé un gué sur un bras du Rhin, un peu au-dessous du fort de Tollhuys. Le roi fit sonder ce gué par le comte de Guiche : il n'y avait qu'environ vingt mètres à nager au milieu du bras, espace insignifiant, d'autant que plusieurs chevaux de front rompaient le fil de l'eau, très peu rapide. L'abord était aisé : il n'y avait sur la

rive opposée que 4 où 500 cavaliers et deux faibles régiments d'infanterie sans canon, que l'artillerie française
foudroyait en flanc. Tandis que la maison du roi et nos
meilleures troupes de cavalerie passaient ainsi sans risque
(12 juin) au nombre de 15,000 hommes, Condé les côtoyait
dans un bateau de cuivre. A peine quelques cavaliers
hollandais entrèrent dans la rivière pour feindre de combattre; ils s'enfuirent, l'instant d'après, devant la multitude qui venait à eux : leur infanterie mit aussitôt bas les
armes, en demandant la vie. On ne perdit dans le passage
que le comte de Nogent et quelques cavaliers qui, s'étant
écartés du gué, se noyèrent; et il n'y aurait eu personne
de tué dans cette journée sans l'imprudence du jeune duc
de Longueville. On dit que, ayant la tête pleine des fumées
du vin, il tira un coup de pistolet sur les ennemis qui
demandaient quartier à genoux, en leur criant : « Point
« de quartier pour cette canaille ! » Il tua du coup un de leurs
officiers. L'infanterie hollandaise, désespérée, reprit à
l'instant ses armes et fit une décharge, dont le duc de
Longueville resta mort. Un capitaine de cavalerie nommé
Ossembroeck, qui ne s'était pas enfui avec les autres,
courut au prince de Condé s'apprêtant à monter à cheval
au sortir de la rivière et lui appuya son pistolet contre la
tête : le prince, par un mouvement, détourna le coup, qui
lui cassa le poignet. Condé ne reçut jamais que cette blessure dans toutes ses campagnes. Les Français irrités firent
main basse sur cette infanterie, qui se mit à fuir de tous
les côtés. Louis XIV passa sur un pont de bateaux avec
ses fantassins, après avoir dirigé lui-même toute la marche. Tel fut ce passage du Rhin célébré, alors, par toutes
les trompettes héroïques, y comprise celle de Boileau-
Despréaux, comme un des grands événements qui dussent
occuper la mémoire des hommes, et qu'on exagéra
comme à plaisir. La vérité est que rien ne fut plus imposant pour les ennemis que ce passage et que, s'ils eussent
eu un corps de bonnes troupes sur l'autre bord, l'entreprise serait devenue très périlleuse.

Dès qu'on eut passé le Rhin, on prit successivement Arnheim, Doesbourg, Zutphen, Schenck, Notzembourg, Woorn, Saint-André, Bommel, Crèvecœur. Il n'y avait guère d'heures dans la journée où le roi ne reçût la nouvelle de quelque conquête. Un officier nommé Mazel mandait naïvement à Turenne : « Si vous voulez m'envoyer « cinquante chevaux, je pourrai prendre avec cela deux ou « trois places. » Puis, ce fut au tour de Nimègue, de Grave, d'Utrecht (20 juin), de Woerden, d'Amersfort, de Naarden, d'ouvrir leurs portes. Amsterdam se trouvait ainsi tellement menacée que les Juifs qui l'habitaient s'empressèrent d'offrir d'avance à Gourville, intendant du prince de Condé, deux millions de florins pour se racheter du pillage. L'honnêteté bien connue de Turenne ne permettait pas de risquer une pareille transaction avec lui. La situation des Hollandais était celle-ci : 25,000 de leurs soldats ou de leurs miliciens faits prisonniers, 40 de leurs villes prises en vingt-deux jours, leurs positions perdues sur la basse Meuse, le Rhin, le Wahal et l'Isser. Quatre députés vinrent au camp du roi implorer sa clémence. Louis XIV exigea que les États lui cédassent tout ce qu'ils possédaient au delà du Rhin, Nimègue, des places et des forts au cœur même de leur pays ; qu'on lui payât vingt millions ; que les Français fussent les maîtres de toutes les grandes voies de la Hollande, par terre et par eau, sans qu'ils payassent jamais aucun droit ; que la religion catholique fût partout rétablie ; que la République lui envoyât tous les ans une ambassade extraordinaire, avec une médaille d'or sur laquelle il fût gravé qu'ils tenaient leur liberté du roi ; enfin, qu'à ces satisfactions ils joignissent celle qu'ils devaient au roi d'Angleterre et aux princes de l'Empire, tels que ceux de Cologne et de Munster, par qui la Hollande était encore désolée. Ces conditions intolérables inspirèrent le dernier courage du désespoir aux vaincus ; ils percèrent les digues qui retenaient les eaux de la mer, rompirent leurs ponts, lâchèrent leurs écluses. Louis XIV, n'ayant plus de conquêtes à faire dans un pays inondé, s'en retourna en France, laissant la direction de son armée à Turenne (26 juillet), qu'il nomma généralissime.

A ce moment, la France était au comble de sa gloire : le nom de ses généraux imprimait la vénération ; ses ministres semblaient des génies supérieurs aux conseillers des autres souverains ; Louis paraissait en Europe comme le seul roi. En effet, l'Empereur Léopold ne mettait pas le pied dans ses armées, Charles II d'Espagne sortait à peine de l'enfance, et Charles II d'Angleterre ne montrait d'activité que pour les plaisirs. Tant de grandeur alarma de nouveau les puissances, habilement retournées d'ailleurs par les négociations secrètes du prince d'Orange. L'Empereur, l'Empire, le conseil d'Espagne, le gouverneur des Pays-Bas sortirent pour lui de leur torpeur, et le roi d'Angleterre lui-même se montra disposé à la paix. Louis XIV, d'ailleurs, commit lui-même une grande faute en ne poursuivant pas avec assez de rapidité des conquêtes si faciles. Au lieu de suivre l'avis de Turenne, qui voulait qu'on démolît la plupart des places hollandaises, il affaiblit en outre son armée en la divisant en une multitude de garnisons. Il permit ainsi à l'ennemi de respirer, de se refaire.

Ce fut l'Electeur de Brandebourg qui se mit le premier en campagne pour secourir les Hollandais. Ce prince disposait de 25,000 hommes de ses propres troupes et de 10,000 hommes de celles de l'Empereur, que lui avait amenées Montecuculli ; il avait, en plus, un équipage d'artillerie comprenant 60 pièces de canon et un très grand nombre de mortiers. Il fit sommer l'Electeur de Cologne et l'évêque de Munster de rompre les engagements qu'ils avaient pris avec la France, puis s'avança vers le Rhin. Le ministre Louvois écrivit aussitôt à Turenne d'empêcher, à n'importe quel prix, que l'Electeur passât le fleuve et occupât les postes importants qui le commandent. Le maréchal, obligé de laisser en Hollande des garnisons innombrables et une armée entière pour y tenir la campagne, ne put prendre que 12,000 soldats avec lui ; malgré la disproportion de ses forces, il passa le Rhin à Wesel (10 septembre). La hardiesse de cette démarche surprit toute l'Allemagne, qui avait cru que Turenne se bornerait à défendre le passage, et principalement l'Electeur, qui se montra déconcerté. Toutefois, comme il lui fallait marcher vers le fleuve pour aller au secours des Hollandais, il passa l'Elbe et le Weser, puis vint gagner le Mein, qu'il traversa près de Francfort. Pour lui couper la route, Turenne descendit lui-même la rive droite, passa la Lippe, l'Emser, le Roër, traversa le duché de Berg et vint jusqu'à Nassau, sur la Lahn, au-dessus de Coblentz. L'Electeur, après avoir tenté en vain à diverses reprises de passer le Rhin aux environs de Mayence, prit enfin la triste résolution de repasser le Mein (15 décembre), dans l'espoir que nous ferions ainsi du Rhin et qu'il pourrait demeurer pendant l'hiver dans son comté de La Marck, où il se trouverait tout à portée d'entrer en Hollande au printemps suivant.

La cour estima que Turenne en avait fait assez. Le roi lui manda de sa propre main (22 et 26 décembre) de repasser le Rhin, et de mettre ses troupes en quartier d'hiver dans la Lorraine. Le marquis de Louvois lui écrivit également (17 et 28 janvier 1673) dans le même sens. Le maréchal, qui voulait faire de l'Electeur de Brandebourg un exemple, n'en tint pas compte. Il marcha donc sur le comté de La Marck, d'où l'Électeur s'enfuit dans son autre comté de Ravensberg, de l'autre côté de la Lippe. Turenne prit Altena, Unna, Kamen et toutes les autres places du pays de La Mark qui lui opposèrent de la résistance, puis à son tour il passa la Lippe. Mais l'Electeur s'empressa encore de repasser le Weser, à la grande stupéfaction de l'Allemagne entière, où nul ne comprenait qu'il pût fuir ainsi devant une armée trois fois moins forte que la sienne. Le maréchal s'empara du comté de Ravensberg, comme il avait fait du précédent, et traversa le Weser pour relancer l'Electeur jusque dans sa principauté d'Halberstadt, où il s'était réfugié. Ses succès y continuèrent de telle sorte que l'ennemi, ne se croyant plus en sûreté nulle part, prit le parti désespéré de passer l'Elbe à Magdebourg et de s'enfuir jusqu'à Berlin. Une fois caché dans sa capitale, l'Electeur demanda la paix, que Turenne ne lui accorda qu'après que le duc de Neubourg eût consenti à se porter garant de la fidélité avec laquelle il promettait d'observer les engagements pris par lui envers la France. Cette surprenante campagne est une des plus glorieuses de Turenne. Pour en perpétuer le souvenir mérité, le roi fit frapper une médaille commémorative avec cette légende : *A Rheno ad Albim pulso Brandeburgensi Electore*, et la date *M. DC. LXXIII* pour exergue.

C'est à ce moment que l'Empereur ordonna au comte de Montecuculli de prendre le commandement de son armée, forte de 35,000 hommes, de la réunir aux 10,000 Espagnols que le comte de Monterey, gouverneur des Pays-Bas, envoyait au prince d'Orange, et de chasser, à la tête de tous ces renforts, les Français de la Hollande et de l'Empire. Turenne écrivit à Louvois (15 avril) qu'il voulait aller chercher l'armée impériale jusque dans la Bohême, où elle s'assemblait; mais le ministre lui prescrivit de revenir sur le Rhin et de se borner à empêcher la jonction des ennemis. Il lui expédiait en même temps 4,000 soldats auxiliaires. Le maréchal quitta donc les Etats du Grand-Electeur, traversa la Hesse, passa le Mein à Schelingenstadt et se porta vis-à-vis d'Aschaffenbourg; de son côté, Montecuculli venait d'arriver en Franconie, où les troupes de l'Electeur de Saxe et du duc de Lorraine l'avaient joint, et il avait déjà gagné Nuremberg, d'où il pouvait également prendre sa marche vers' le haut ou le bas Rhin. Pour lui couper l'une et l'autre de ces deux routes et couvrir en même temps l'Alsace, Turenne se rendit maître de tous les passages du Mein, à l'exception de celui de Würtzbourg, dont l'évêque lui jura solennellement qu'il ne laisserait point passer les Impériaux sur son pont et qu'il garderait inviolablement la neutralité, de sorte que

Montecuculli ne pouvait plus désormais aller ni en Hollande ni en Alsace qu'il n'eût auparavant battu notre armée. Bien que beaucoup plus faible que son adversaire, le maréchal passa le Tauber à Mariendal, s'avança jusqu'à Rottinghen (9 septembre) et offrit la bataille à l'ennemi. Le comte de Montecuculli, qui ne voulait pas en venir aux mains, profita d'un engagement d'avant-postes pour masquer sa retraite et filer dans un endroit tout environné de montagnes et de marais, entre Ochsenfurt et Würtzbourg. Turenne, le poursuivant toujours, se retrancha tout près de lui, avec le Mein à sa gauche, un grand ravin sur sa droite et un très bon pays sur ses derrières, d'où il pouvait tirer des vivres en abondance pour subsister pendant plus de deux mois. Cette situation nous eût été très avantageuse si l'évêque de Würtzbourg avait gardé la neutralité, comme il l'avait promis ; mais il livra son pont aux Impériaux, qui franchirent aussitôt le Mein (24 septembre). D'autre part, l'évêque de Trèves, qui nous avait également juré de rester neutre, leur livra les deux ponts qu'il avait à Coblentz sur le Rhin et sur la Moselle ; de sorte que Montecuculli arriva bien avant nous devant Bonn, où, s'étant joint aux Espagnols et aux Hollandais, il assiégea cette place et l'enleva (12 novembre). Pour punir les évêques de Würtzbourg et de Trèves de leur trahison, Turenne fit vivre ses troupes à discrétion dans l'évêché de Würtzbourg et leur donna des quartiers d'hiver dans l'électorat de Trèves. Cette opération terminée, il partit pour la cour (18 décembre). Il avait, certes, bien mérité quelque repos après cette fatigante campagne de près de deux ans.

La première partie de l'année 1674 fut illustrée par la conquête de la Franche-Comté, que Louis XIV en personne, secondé par Vauban et Condé, mena à fin en six semaines. Cette nouvelle conquête réveilla la haine de nos voisins : toute l'Allemagne s'allia contre la France, à l'exception de l'Electeur de Bavière et du duc de Hanovre, qui restèrent neutres. A un aussi grand nombre d'ennemis le roi se contenta d'opposer Turenne, avec 10,000 hommes. Ayant su que toutes les forces de l'Empire devaient s'assembler dans le Palatinat, que les troupes de l'Electeur Palatin et du duc de Lorraine y étaient déjà, n'attendant plus que le prince de Bournonville qui leur amenait celles de l'Empereur, le maréchal résolut d'écraser l'Electeur et le duc avant que le renfort des Impériaux les rejoignît. Mais il était beaucoup plus éloigné d'eux que Bournonville, qui n'avait que le Necker à passer sur le pont d'Heilbronn, tandis que les Français n'en avaient pas sur le Rhin. Il ordonna, toutefois, d'en construire un à Philipsbourg, ce qui fut fait en deux jours; il y traversa le fleuve (12 juin) sans que l'ennemi s'en doutât. A cette nouvelle, le duc de Lorraine et le comte Caprara, commandants de l'armée ennemie, voulurent rejoindre Bournonville avant d'en venir aux mains avec nous; à cet effet, ils s'avancèrent à grands pas vers Heilbronn, pour y franchir le Necker. Mais Turenne, après une marche forcée de trente lieues en quatre jours, réussit à les rejoindre avant qu'ils eussent exécuté leur dessein. Charles de Lorraine et Caprara, obligés de combattre, se retranchèrent dans la haute plaine de Sintzheim (16 juin), située sur la crête d'une montagne que défend par derrière un grand bois et que commandent la ville et le château, séparés par un étroit défilé. La position était forte, mais le maréchal ne pouvait pas reculer. Il commença par faire mettre pied à terre à ses dragons, et, les ayant commandés avec toute son infanterie pour se saisir des avenues de la place, il chassa les ennemis du ruisseau et de la rivière qui protégeaient les abords, les délogea des jardins et des faubourgs et se rendit maître de la ceinture en moins d'une heure. Faisant ensuite combler le fossé avec des fascines, il enfonça une des portes, passa au fil de l'épée une partie de la garnison et força l'autre à se rendre à discrétion; opération menée si promptement que bien peu des Allemands purent fuir sur la hauteur où se tenait le gros de leur armée. Epouvantés, les défenseurs du château l'abandonnèrent à leur tour. Turenne l'occupa aussitôt, ce qui le rendait maître du défilé conduisant à la montagne. Il le franchit sans aucune difficulté, l'ennemi ayant supposé que son exceptionnelle position en rendait la garde inutile. Sans perdre de temps, le maréchal faisait mettre ses troupes en bataille à mesure qu'elles venaient de passer, et il put ainsi former deux petites lignes, le terrain étant trop resserré pour les développer. L'ennemi, ne voulant pas nous laisser le temps d'en constituer une troisième, fondit alors sur les assaillants avec une impétuosité que la pente facilitait, et il renversa notre première ligne sur la seconde. D'autre part, notre canon ne faisait que d'arriver et était encore attelé, de sorte que les équipages, épouvantés par le bruit de la mousqueterie, s'échappèrent à travers nos escadrons et, rompant à leur tour nos lignes, entraînèrent deux pièces jusqu'à l'arrière-garde, ce qui nous causa beaucoup de confusion. Turenne rétablit l'ordre au plus vite : il fit avancer nos bataillons la pique baissée, pour arrêter le choc des cuirassiers impériaux, tandis que les régiments anglais de Douglas et d'Hamilton, qu'il avait pris en passant à Philipsbourg, faisaient de si furieuses décharges sur l'ennemi qu'il commença à reculer; puis notre cavalerie se rallia, le rechassa sur ses hauteurs, et nous gagnâmes un peu de terrain. Le maréchal profita de ce répit pour reformer son armée. Il laissa sa cavalerie dans le milieu, posta quatre gros bataillons sur les ailes et des pelotons d'infanterie entre les escadrons, plaça son artillerie à la tête, forma une troisième ligne et ordonna d'étendre un peu plus les deux autres. Une seconde charge des Impériaux faillit encore tout compromettre; mais Turenne, après l'avoir repoussée, réussit à prendre enfin l'offensive, et le combat devint alors beaucoup plus terrible; il n'y eut point d'escadron qui ne chargeât quatre ou cinq fois; les étendards et les drapeaux furent pris et repris des deux côtés. L'ennemi se rallia jusqu'à sept fois, et fit huit charges consécutives : toutefois, comme à chacune d'elles il perdait un peu de terrain, que gagnaient aussitôt nos troupes, nous étendions toujours de plus en plus notre front; de sorte qu'il se trouva jusqu'à dix-huit escadrons à notre première ligne, où il n'y en avait eu d'abord que cinq, et que, montant sans cesse peu à peu, nous atteignîmes le sommet de la montagne. Le duc de Lorraine et Caprara ne jugèrent pas à propos de lutter davantage ; ayant fait peu à peu reculer leur armée jusqu'au bois qui s'étendait derrière eux, ils y jetèrent leurs hommes pêle-mêle, faisant couvrir leur retraite par quelques escadrons dont la résistance leur permit de gagner Heidelberg. Le maréchal les fit poursuivre jusqu'au Necker. Mais les fuyards ne s'arrêtèrent qu'à Francfort. Cette glorieuse bataille avait duré depuis trois heures du matin jusqu'à cinq heures du soir : elle coûta plus de 2,000 morts aux Impériaux, un grand nombre de blessés, environ 600 prisonniers et 40 chariots chargés de bagages; les Français perdirent 180 officiers et 1,100 hommes. Turenne mit tout le Palatinat à contribution, puis ramena ses troupes fatiguées au delà du Rhin. Une médaille fut également frappée à cette occasion, avec la légende : *Vis et celeritas,* et l'exergue : *Pugna ad Sintzhemium, M. DC. LXXIV.*

Le mois suivant, ayant reçu un renfort de 1,500 chevaux et son armée étant suffisamment reposée, le maréchal reprit le cours de ses opérations. Bournonville avait rejoint avec un corps de 8,000 hommes Charles de Lorraine et Caprara au delà du Necker. Tous les trois, néanmoins, n'osaient tenir la campagne avant l'arrivée des autres auxiliaires que les divers Cercles, princes et États de l'Empire leur avaient promis. Pour éviter cette seconde jonction, Turenne passa de nouveau le Rhin à Philipsbourg et, après une marche de trois jours et de trois nuits, atteignit le Necker. L'ennemi campait tout auprès, à Ladembourg, entre Heidelberg et Manheim, dans un retranchement fortement palissadé et bien garni de canon. Son chiffre s'élevait à 14,000 hommes, le nôtre à 11,000 environ. Turenne ayant commencé des travaux de pont à Wiblinghen, non loin de là, les Impériaux délogèrent brusquement et se retirèrent vers le Mein, du côté de

Francfort. Ils avaient fait quatorze lieues tout d'une traite, tellement ils redoutaient notre approche. Le maréchal ayant enfin réussi à les surprendre dans les environs de Zwinghenberg, leur frayeur devint si grande qu'ils se débarrassèrent de tout ce qui pouvait les incommoder pour fuir avec plus de précipitation ; la route était semée de leurs cuirasses et de leurs armes. On les poussa si vivement que, leur infanterie s'étant débandée à droite et à gauche dans les montagnes et dans les bois, il ne s'en retira pas 400 hommes ensemble ; quant à leur cavalerie, elle ne s'arrêta point qu'elle ne se trouvât en sûreté derrière Francfort, au delà du Mein. Les troupes françaises les suivirent jusqu'aux bords de cette rivière, où on leur enleva les principaux officiers de l'arrière-garde, un grand nombre de soldats, six pièces de canon, une partie du bagage. Une autre médaille consacra le souvenir de cette poursuite, avec la légende : *Germanis iterum fusis*, et l'exergue : *Ad Nicrim, M. DC. LXXIV.*

Se trouvant ainsi maître du Palatinat, Turenne y fit vivre ses troupes à discrétion ; et son armée, en quatre ou cinq campements qui durèrent près d'un mois, consomma tous les fourrages et toutes les moissons de ce pays, de façon qu'il eût été impossible à un autre corps d'y subsister. La plupart des paysans, dépouillés de toutes choses, furent obligés d'abandonner leurs maisons et de sortir de la province ; mais il n'y eut sorte de cruautés qu'ils ne firent souffrir à ceux de nos soldats qu'ils purent prendre, pour se venger de la misère où nous les réduisions. Ils en pendirent quelques-uns la tête en bas et les firent brûler à petit feu, ou les laissèrent ainsi mourir sans les étrangler ; ils arrachèrent le cœur et les entrailles à quelques-uns encore en vie et leur crevèrent les yeux : finalement, après les avoir tous massacrés ou mutilés avec la cruauté la plus barbare, ils les exposèrent en cet état sur les grands chemins. Notre armée eut à subir en divers endroits ce triste spectacle. Mais nos auxiliaires anglais, ayant trouvé les corps de quelques-uns de leurs camarades ainsi misérablement tronqués, cette barbarie les outra de telle sorte qu'ils coururent comme des furieux, le flambeau à la main, mettre le feu partout aux environs; ils brûlèrent quantité de bourgs et de villages, même quelques petites villes, dont les habitants furent contraints d'aller s'établir dans d'autres États. L'Électeur Palatin, voyant son pays ainsi dépeuplé et ravagé, était au désespoir de n'avoir pas accepté la neutralité que nous lui avions offerte. Irrité de cette désolation, il défia Turenne à un combat singulier, par un cartel que lui apporta un trompette. Turenne ayant envoyé sa lettre au roi, qui lui défendit d'accepter le défi, répondit à l'Électeur avec une modération qui fit honte à ce prince de son inutile bravade. Ne subissait-il pas les lois de la guerre, qu'il avait lui-même attirée sur lui? Le maréchal, toutefois, fit punir sévèrement les plus coupables des incendiaires.

« Ce fut là, rapporte Raguenet, que, la dysenterie s'étant mise dans son armée, on reconnut encore mieux qu'en aucune autre occasion jusqu'où s'étendait sa bonté pour les troupes; car le meilleur père ne se donna jamais plus de mouvements et de soins pour la guérison de ses enfants qu'il s'en donna pour celle de ses soldats. Aussi étaient-ils pleins d'amour et de vénération pour lui. Ils n'avaient nulle inquiétude pourvu qu'ils sussent qu'il était en bonne santé; mais le travail et les fatigues continuelles qu'il avait à soutenir leur faisaient craindre qu'il ne vînt enfin à y succomber. S'ils étaient seulement une demi-journée sans le voir, ils couraient à sa tente pour apprendre de ses nouvelles. Quand il passait à la tête du camp, ils sortaient de leurs baraques ou de leurs canonnières, comme s'il y avait eu longtemps qu'ils ne l'eussent vu, et on les entendait se dire les uns aux autres: « Notre « père se porte bien, nous n'avons rien à craindre! » Il ne se passait guère de jour qu'il ne les vît tous; il les saluait et leur parlait avec une noble familiarité, et il prenait plaisir à voir combien il en était aimé. »

Le même biographe raconte encore cet autre trait, dans

le récit qu'il fait de la campagne contre l'Electeur de Brandebourg :

« La saison, dit-il, était extraordinairement rigoureuse; il faisait un froid cruel, et la terre était tellement gelée qu'on ne pouvait ouvrir la tranchée devant les villes qu'on assiégeait et qu'on était obligé d'essuyer tout le feu de la mousqueterie et des canons des ennemis à découvert : il fallait passer par des montagnes très difficiles et par des défilés très étroits. Le vicomte de Turenne s'étant un jour couché derrière un buisson pour dormir pendant que l'armée passait un de ces défilés, qui était fort long, quelques soldats le reconnurent, et, comme la neige commençait à tomber sur lui, ils coupèrent aussitôt des branches d'arbre pour lui faire une hutte; plusieurs cavaliers qui survinrent, voyant que les branchages ne le mettaient pas assez à couvert, donnent tous à l'envi leurs manteaux pour lui faire une espèce de tente. Sur quoi, s'étant éveillé et leur ayant demandé à quoi ils s'amusaient au lieu de marcher : « Nous voulons, répondirent-ils, conserver notre général, « c'est là notre plus grande affaire; si nous venions à le « perdre, nous ne reverrions peut-être jamais notre pays. » Cependant, les peines que les soldats avaient à souffrir sont presque inconcevables, mais l'abondance où ils se trouvaient dans un pays ennemi leur faisait oublier toutes leurs fatigues; d'ailleurs, le vicomte de Turenne les ménageait en toutes choses avec des soins si pleins de bonté que la reconnaissance les aurait fait aller avec lui jusqu'au bout du monde. »

On conçoit que les vertus de ce grand homme l'eussent rendu l'idole de ses troupes, et nous ne pouvons concevoir que Voltaire ait écrit ceci : « Il aimait mieux être appelé le père des soldats qui lui étaient confiés que des peuples, qui, selon les lois de la guerre, sont toujours sacrifiés. Tout le mal qu'il faisait paraissait nécessaire; sa gloire couvrait tout. » Si Turenne laissa ravager les campagnes du Palatinat et de l'Alsace, il obéissait à une nécessité rigoureuse, car il lui fallait, tout à la fois, nourrir son armée et empêcher celles de l'ennemi de subsister. Quant au reproche d'avoir préféré l'intérêt de ses propres soldats au bien-être des populations allemandes, punies alors de leur mauvaise foi, nous avouons qu'il nous paraît aussi peu humain que peu patriotique.

MÉDAILLES COMMÉMORATIVES

13. Combat du Necker. — 14. Bataille d'Entzheim. — 15. Bataille
de Turckheim.

IX

Cependant, toutes les forces de l'Allemagne avaient fini par opérer leur jonction. Redoutant que cette multitude d'ennemis n'envahît la France, le ministre Louvois manda à Turenne d'abandonner au plus tôt l'Alsace et de se retirer sous Nancy pour sauver l'armée du roi et défendre, s'il était possible, la Lorraine ; Louis XIV lui écrivit également sur le même sujet, disant que, comme Philipsbourg et Brisach étaient à nous, il n'y aurait pas grand inconvénient à abandonner cette province, qu'il suffirait de raser Neustadt, Landau, Wissembourg et quelques autres places, qu'après cela les ennemis auraient bien de la peine à s'y établir et à y prendre des quartiers. Le maréchal répondit au roi : que, si par sa retraite il abandonnait l'Alsace aux ennemis, ceux-ci demeureraient dans cette province tant qu'il leur plairait en ayant Strasbourg derrière eux ; que de là ils pousseraient la guerre à leur gré en Franche-Comté, en Lorraine, même en Champagne ; qu'ils seraient maîtres de tout depuis Mayence jusqu'à Bâle, c'est-à-dire d'une étendue de pays capable de faire subsister cent mille hommes pendant tout un hiver ; que bientôt nous n'aurions pas même de nouvelles de Philipsbourg ni de Brisach, ayant perdu nos communications avec ces deux villes ; que rien ne décrie plus que de

raser des places, puisqu'on fait voir par là qu'on n'a pas
même l'espérance d'y pouvoir jamais retourner; que
d'ailleurs ces places rasées n'empêchent point qu'on ne
s'établisse dans un pays, et que des palissades qu'on peut
mettre en un jour sont tout aussi bonnes que des murailles pour des quartiers d'hiver. Le roi se déclara satisfait
de cette réponse. Turenne se mit donc en mesure non
seulement de défendre l'Alsace, mais encore d'empêcher
que l'ennemi passât le Rhin. Il n'y avait point de pont sur
ce fleuve depuis Strasbourg jusqu'à Mayence, et nous
nous tenions assurés de ces deux ponts sur la foi de la
neutralité que l'Electeur de Mayence et les magistrats de
Strasbourg avaient promis de garder. Il est vrai que les
Impériaux pouvaient en jeter un quelque part entre ces
deux villes, mais le maréchal fit si bonne garde qu'ils
renoncèrent à cette entreprise. Par malheur, l'Electeur se
laissa gagner, et livra à l'ennemi son passage. Quand
cette trahison fut connue, Louvois crut être en droit de se
plaindre de ce que l'Etat courait un imminent danger par
suite de la déférence montrée à l'égard de Turenne, dont
l'imprudence allait compromettre tout : il cria si fort que
le roi enjoignit de nouveau au maréchal de rétrograder
sans délai. Mais Turenne persista à demeurer en Alsace;
il écrivit donc au roi, pour lui expliquer son refus, une
lettre dans laquelle nous relevons le passage suivant :
« Les ennemis, quelque grand nombre de troupes qu'ils
« aient, ne sauraient, dans la saison où nous sommes,
« penser à aucune autre entreprise qu'à celle de me faire
« sortir de la province où je suis, n'ayant ni vivres ni
« moyens pour passer en Lorraine que je ne sois chassé
« de l'Alsace; et si je m'en allais de moi-même, comme
« Votre Majesté me l'ordonne, je ferais ce qu'ils auront
« peut-être de la peine à me faire faire. Quand on a un
« nombre raisonnable de troupes, on ne quitte pas un
« pays, encore que l'ennemi en ait beaucoup davantage;
« et je suis persuadé qu'il vaudrait beaucoup mieux pour
« le service de Votre Majesté que je perdisse une bataille

« que d'abandonner l'Alsace et de repasser les mon-
« tagnes. » Il terminait cette lettre en offrant de prendre
tout sur lui et de se charger des événements ; si bien que
le roi, confiant dans la capacité et l'expérience du maréchal,
lui envoya 6,000 hommes de renfort, en le laissant libre de
faire ce qu'il voudrait. Turenne ne demandait pas autre
chose, et il prit ses dispositions sur-le-champ. Comme les
ennemis ne pouvaient venir que du côté de Landau, il
décida de s'aller poster sur leur passage auprès de cette
ville. Ayant trouvé un endroit avantageux d'où il pouvait
également se porter au Rhin ou à la montagne, il y établit
son camp, y fit faire des retranchements et apporter tous
les fourrages des places qui étaient aux environs, et résolut d'y attendre l'ennemi.

Bournonville et ses collègues supposaient n'avoir qu'à
avancer pour que Turenne se retirât aussitôt en Lorraine,
ou du moins jusqu'à Saverne. Ils firent donc marcher
vers lui en toute confiance, jusqu'à Spire, d'où ils envoyèrent reconnaître son camp. A leur grande surprise, le
maréchal les attendit de pied ferme, quoi qu'il n'eût que
17,000 hommes à opposer à leurs 50,000 combattants.
Jugeant sa position trop forte, les Impériaux repassèrent
le Rhin et, sans s'arrêter à la proposition que leur faisait
l'Electeur Palatin d'assiéger Philipsbourg, en remon-
tèrent la rive droite à travers les marquisats de Durlach
et de Bade dans le but de gagner Strasbourg. De son côté
Turenne, craignant que les magistrats de cette ville imi-
tassent la trahison de l'Electeur de Mayence, remonta le
Rhin par la rive gauche, envoya le marquis de Vaubrun
avec un corps de cavalerie sous les murs de cette ville et
vint lui-même avec le reste de son armée à Wantzenaw,
qui n'est qu'à deux lieues de là. Mais la municipalité de
Strasbourg, voyant l'armée ennemie supérieure à la nôtre,
crut pouvoir impunément nous manquer de parole et livra
son pont aux Impériaux. Bournonville passa le fleuve sur-
le-champ et alla camper vers Molsheim, entre l'Ill et la
Brusch, pour y attendre l'Electeur de Brandebourg, qui

lui amenait encore 20,000 auxiliaires et n'était plus qu'à
quelques journées de marche. Le maréchal résolut de
prévenir cette jonction et, quittant Wantzenaw pendant
la nuit, se dirigea sur Molsheim. A quatre heures de
l'après-midi, en arrivant sur les hauteurs de Holtzheim,
aux environs de Dachstein, l'armée française découvrit le
camp ennemi, situé derrière Entzheim et longeant quelques autres villages circonvoisins. Turenne, décidé à
livrer bataille le lendemain, passa la Brusch et la rivière
d'Holtzheim, que l'ennemi avait négligées de garder.

Dès le point du jour, il commença à étendre son armée
dans la plaine et à la ranger en bataille sur deux lignes,
appuyées sur un corps de réserve. Il fit soutenir chaque
ligne en arrière par de forts escadrons, qu'il entremêla eux-
mêmes de divers pelotons d'infanterie, les uns appuyant
et fortifiant les autres, comme cela lui avait réussi à
Sintzheim. Comme la plaine était fermée à ses deux extrémités par deux grands bois, du côté de Strasbourg sur la
droite et du côté d'Entzheim sur la gauche, il voulut commencer par s'en emparer. Mais ce dernier était occupé
par la cavalerie ennemie, soutenue par leur aile gauche, et
il fallut y livrer un combat acharné, qui dura plus de trois
heures ; enfin, après quatre charges meurtrières, la lutte
s'y termina en notre faveur, et les Impériaux, abandonnant le bois, durent aller se retrancher derrière le village.
C'est alors que Bournonville, avec son corps de bataille,
se jeta brusquement sur le nôtre, commandé par le lieutenant-général de Foucault ; mais celui-ci, ayant eu le temps
de former son infanterie en carré, força son adversaire à
rétrograder. Les cuirassiers de l'Empereur, qui compo-
saient l'aile droite ennemie sous les ordres de Caprara,
assaillirent à leur tour notre propre aile droite, et ils le
firent avec tant de furie que notre première ligne, se ren-
versant sur la seconde, qui lâcha pied, faillit rompre notre
corps de réserve, qui s'avançait pour la soutenir : il était à
craindre que tout ne fût enfoncé, lorsque le comte de
Lorges arriva avec notre aile gauche pour arrêter l'ennemi

et l'empêcher de pousser plus loin son avantage. Turenne profita de ce répit pour reformer sa cavalerie, qu'il lança tout entière sur les Impériaux, lesquels, pris en écharpe de deux côtés, ne purent soutenir ce choc, furent rompus, taillés en pièces, dispersés et contraints, eux aussi, de se jeter en désordre dans Entzheim, nous laissant maîtres de la plaine comme nous l'étions déjà du bois. Ils repassèrent l'Ill précipitamment et ne s'arrêtèrent que sous la protection des canons de Strasbourg, où Bournonville résolut d'attendre les renforts du Grand-Electeur. La bataille avait duré dix heures; nous avions perdu environ 2,000 hommes; l'ennemi perdit 3,000 morts, beaucoup de prisonniers, 12 pièces de canon, 30 drapeaux ou étendards, sans compter plus de 150 chariots remplis de blessés qu'il emporta dans sa retraite. C'est pour conserver le souvenir de cette troisième victoire remportée sur les Allemands dans la même année que Louis XIV fit frapper une nouvelle médaille avec la légende : *De Germanis tertiò*, et l'exergue : *Pugna ad Einshemium. M. DC.LXXIV.* Comme l'ennemi, malgré sa défaite, disposait encore de près de 40,000 combattants, Turenne jugea prudent de faire reposer ses troupes; et il les mena à Marlen, à trois lieues de là, où fourrages et vivres se trouvaient en abondance. Sur ces entrefaites, Bournonville reçut le renfort des Cercles de Souabe et de Franconie, des 2,000 cavaliers de l'Electeur Palatin, des 3,000 hommes du duc de Zell et des 20,000 auxiliaires de l'Electeur de Brandebourg. Comme Turenne n'avait pas même à sa disposition autant de troupes que ce dernier à lui seul, Louis XIV lui envoya 6,000 gentilshommes de l'arrière-ban, corps peu discipliné dont le maréchal refusa l'appoint; le roi lui expédia alors deux autres corps de secours, l'un de 7,000 hommes avec le marquis de Genlis, l'autre de 15,000 hommes avec le comte de Saulx. Turenne accepta l'aide du premier, mais il envoya l'ordre au second de demeurer en Lorraine, ce qui surprit tout le monde, l'armée impériale s'élevant dorénavant à plus de

60,000 combattants. Du reste, le plan que le maréchal venait d'imaginer allait causer bien d'autres étonnements. L'Électeur de Brandebourg, se voyant si fort, quitta Strasbourg, passa l'Ill et s'avança vers Marlen. A son approche, Turenne se replia trois lieues plus loin, à Dettwiller, sur la Zorn, puis à Ingwiller, sur la Moter, à deux lieues au delà. Il y demeura jusqu'à l'époque où l'on avait coutume de finir la campagne : il mit de grosses garnisons dans Haguenau et dans Saverne, laissa une partie de son armée de ce côté pour le secours de ces deux places, et repassa en Lorraine avec le reste par la Petite-Pierre, route commode qu'il s'était assurée.

Cette retraite exaspéra, en France, l'opinion, qui ne juge jamais que les apparences. On ne lui pardonnait pas de s'être retiré en Lorraine après avoir fait espérer qu'il sauverait l'Alsace, et l'on ne pouvait concevoir surtout son refus du renfort des troupes du comte de Saulx. L'ennemi, pendant ce temps, se partageait tranquillement l'Alsace. Il s'établit à Schélestadt, à Turckheim, à Colmar, à Ensisheim et dans diverses autres villes pour y passer le reste de l'hiver et s'y préparer à envahir, au printemps, la Lorraine et la Franche-Comté. Il bloqua Brisach, envoya sommer le prince de Montbéliard de se déclarer contre la France et de recevoir garnison dans sa place. Charmés de la bonté de leurs quartiers, les Impériaux s'étendirent partout au large et à leur aise ; même le duc de Lorraine, impatient de rentrer dans ses États, avait envoyé 2,000 hommes se saisir de Remirecourt et d'Épinal, où ils commencèrent à se fortifier. C'était à cette confiance que les attendait Turenne, et c'est alors qu'il commença à exécuter le plan qu'il méditait depuis près de deux mois. Prenant les 15,000 hommes du comte de Saulx et les réunissant aux 7,000 soldats qu'il avait ramenés d'Alsace, il les partagea en plusieurs petits corps, mit de vieux officiers à la tête de chacun, les fit marcher par des routes différentes le long des montagnes des Vosges et leur donna à tous le même rendez-vous, sans qu'aucun d'eux sût où les autres avaient ordre d'aller : ce rendez-vous était la trouée de Belfort, à l'autre bout de l'Alsace, passage opposé à celui par lequel nous venions de sortir de cette province. Le maréchal leur fit ainsi traverser toute la Lorraine par des chemins si détournés que l'ennemi n'eut de connaissance de sa marche que par l'arrivée de deux de ses corps devant Épinal et Remirecourt, qu'ils reprirent. Le duc de Lorraine, effrayé, se retira derrière l'Ill, aux environs de Mulhouse, ville alliée des Suisses, d'où il dépêcha des courriers à tous les généraux de l'armée impériale pour les prévenir du danger qu'ils couraient ; mais ceux-ci lui répondirent que Turenne n'avait eu d'autre dessein, en entrant dans ces deux places, que de dégager les Lorrains pour ses quartiers d'hiver, ne pouvant supposer qu'il eût conçu l'audacieux projet de les surprendre.

Cependant, Turenne était arrivé à Belfort, et toutes ses troupes l'y avaient rejoint. Sachant que de sa diligence dépendait le succès de son entreprise, il marcha immédiatement vers la rivière d'Ill, vis-à-vis Mulhouse, auprès de laquelle la cavalerie de l'Empereur, les contingents du duc de Lorraine et ceux de l'évêque de Munster étaient rassemblés. Après avoir passé la rivière, le maréchal fit charger l'ennemi. Après plusieurs attaques, exécutées et soutenues de part et d'autre avec beaucoup de vigueur, il mit enfin les Impériaux dans un tel désordre qu'ils s'enfuirent les uns vers Bâle, où ils traversèrent le Rhin, les autres du côté d'Ensisheim, où se trouvait le Grand-Électeur. L'ennemi perdit 14 étendards et un grand nombre de prisonniers ; mais la nuit empêcha sa poursuite. Le lendemain, dès la pointe du jour, Turenne se remit en marche, en descendant toujours l'Ill, sur laquelle étaient situées les plus grosses places d'Alsace, où les Impériaux s'étaient établis. Il détacha des partis à droite et à gauche, pour couper les petits quartiers et les empêcher de rallier le gros de l'armée ennemie, et enleva les garnisons des villes partout où elles n'avaient pas eu le temps de se

retirer. On arriva ainsi à Ensisheim et à Sainte-Croix,
que Bournonville et l'Électeur de Brandebourg avaient
abandonnées pour se retirer à Colmar. Le maréchal laissa
Rusach sur sa gauche et se contenta de la bloquer, pour
ne point perdre un temps utile ; puis il gagna Turckheim,
vis-à-vis de Colmar, où l'ennemi l'attendait (5 janvier
1675). Les Impériaux s'y étaient retranchés dans la plaine
au delà de la Fech, sur deux grandes lignes offrant un
front de près d'une lieue : ils avaient dressé leurs batteries sur les épaulements des deux places voisines, pour
balayer toute la plaine en flanc.

Turenne avait laissé, derrière lui, son canon dans les
défilés qui vont d'Ensisheim à Colmar ; néanmoins, il ne
voulut pas retarder les chances d'une action. Toutefois, il
usa encore de ruse. Ordonnant au comte de Lorges de
s'aller mettre en bataille dans la plaine, en donnant à sa
première ligne un front aussi étendu que possible et en
avançant sa droite le plus près de Colmar qu'il pourrait,
il lui confia toute sa cavalerie et la plus considérable partie
du reste de son armée : quant à lui, prenant seulement un
corps d'infanterie et de dragons, il tourna sur la gauche
et s'avança à travers les coteaux formant les premiers
contreforts des Vosges, par un terrain inégal, rempli de
chemins creux, embarrassé de haies et de vignes, où
jamais on n'eût supposé que des troupes pourraient marcher en corps. L'ennemi crut d'autant mieux que toute
l'armée française était avec de Lorges que Turenne se
glissait par un chemin si couvert qu'on ne pouvait rien
apercevoir de ce côté-là : et comme il voyait encore nos
troupes se masser sur la droite à mesure qu'elles arri-
vaient, de façon à menacer Colmar, craignant quelque
surprise contre cette ville, où étaient ses vivres et ses
munitions, et pensant Turckheim en sûreté, il retira de
cette place l'artillerie et l'infanterie qui la défendaient ; si
bien que Turenne, arrivé à Turckheim, où il marchait,
trouva la ville abandonnée, comme il l'avait prévu. Il l'occupe aussitôt, puis fait charger les Impériaux en flanc.

Quoique atterré de sa faute, Bournonville, conservant tout son sang-froid, change immédiatement son ordonnance de bataille et court au-devant du maréchal, pour le débusquer. Mais Turenne, divisant son corps en deux sections, envoie Foucault le long de la Fech avec mission de charger son aile gauche tandis que lui-même attaquerait de front. Cette double attaque réussit entièrement ; après deux charges énergiques, l'ennemi fut rompu et culbuté. Le corps du comte de Lorges s'en étant mêlé au même moment, les Impériaux plièrent enfin sous le feu terrible qui les décimait et lâchèrent pied en plusieurs endroits. On les poussa davantage : leur recul se changea en déroute. La journée était perdue pour eux. Désespérant même du succès définitif de la partie engagée, ils prirent une résolution sur laquelle leur vainqueur n'eût pas osé compter de si tôt : après s'être retirés à Strasbourg pendant la nuit, ils évacuèrent l'Alsace, dont Louis XIV resta ainsi le maître.

« Toutes ces actions consécutives, remarque justement Voltaire, conduites avec tant d'art, si patiemment dirigées, exécutées avec tant de promptitude, furent également admirées des Français et des ennemis. La gloire de Turenne reçut un nouvel accroissement quand on sut que tout ce qu'il avait fait dans cette campagne, il l'avait fait malgré la cour et malgré les ordres réitérés de Louvois, donnés au nom du roi. Résister à Louvois tout-puissant et se charger de l'événement, malgré les cris de la cour, les ordres de Louis XIV et la haine du ministre, ne fut pas la moindre marque du courage de Turenne ni le moindre exploit de la campagne. »

Louis XIV, du reste, lui rendit un hommage éclatant. Il fit lire en présence de toute la cour une lettre que Turenne avait adressée de Dettwiller, le 30 octobre précédent, au ministre Le Tellier, par laquelle le maréchal lui mandait : Que, feignant de ne pouvoir plus résister aux ennemis depuis la jonction du Grand-Électeur, il allait toujours reculer devant eux ; que, pour leur donner même plus de confiance, il se retirerait tout à fait en Lorraine, après quoi ils ne manqueraient pas de se répandre par toute l'Alsace ; qu'alors il tomberait sur leurs quartiers d'un côté par où assurément ils ne soupçonneraient pas qu'il dût venir les surprendre, et qu'il les obligerait peut-être à repasser le Rhin. On applaudit encore plus à cette merveilleuse tactique, dont toutes les prévisions s'étaient accomplies au delà des plus audacieuses espérances, qu'à l'étonnante confiance de ces 20,000 Français atta-quant près de 70,000 Allemands, les culbutant en détail, puis les chassant en bloc du territoire national. Pour consacrer ce prodigieux exploit, le roi fit frapper une dernière médaille, avec la légende *Sexaginta millia Ger-manorum ultra Rhenum pulsa,* et la date *M.DC.LXXV* pour exergue.

Le lendemain du combat de Turckheim, on trouva dans Colmar 3,000 blessés abandonnés par l'ennemi. On prit Rusach sans coup férir et divers petits forts, dans lesquels on captura encore plus de 2,000 hommes de troupes que l'Électeur de Brandebourg n'avait pas eu le temps de retirer. On aurait pu bombarder Strasbourg et brûler ses environs, pour venger la neutralité violée ; mais Turenne, estimant qu'il était plus à propos de remettre cette ville dans nos intérêts, y envoya un officier de confiance, qui promit à ses habitants et à ses magistrats de ne leur causer aucun dommage à la condition qu'ils ne retinssent chez eux aucun de nos ennemis et qu'ils s'engageassent à rester inviolablement neutres dans l'avenir. Cette précaution pru-dente ne fut pas inutile, car Bournonville avait si bien persuadé aux Strasbourgeois que notre armée allait venir fondre sur eux en punition de leur infidélité, qu'ils étaient sur le point d'accepter une garnison impériale pour leur défense. Les magistrats, touchés de la modération de Turenne et comptant sur sa parole autant que sur un traité solennel, refusèrent l'offre de Bournonville et nous envoyèrent assurer qu'ils n'accorderaient plus désormais ni passage ni retraite à nos ennemis.

Le maréchal reçut alors une lettre du roi (13 janvier), l'invitant à venir recevoir à la cour le témoignage de la satisfaction qu'il éprouvait de ses importants services. Ayant donné tous les ordres nécessaires pour la sécurité de la province et la bonne organisation de ses quartiers d'hiver, Turenne se rendit à l'invitation flatteuse de Louis XIV. « Il trouva sur toute sa route, raconte Raguenet, un concours de gens de toutes sortes d'âges et de conditions, qui venaient au-devant de lui pour le voir. Il y en eut en Champagne qui vinrent de dix lieues sur le chemin par où il devait passer ; et ceux de cette province-là, persuadés qu'ils lui étaient redevables de tout le bien et de tout le repos dont ils jouissaient, versaient des larmes de joie en le voyant. Le roi le reçut d'une manière qui faisait assez connaître qu'il n'y avait personne dans son royaume qu'il estimât plus que lui. On ne parlait à la cour que de la conduite qu'il avait tenue pendant cette dernière campagne, dont l'éclat semblait surpasser celui de toutes les autres. Chacun le regardait comme un homme qui venait de sauver l'État ; on s'arrêtait dans les rues de Paris pour le voir passer ; il ne pouvait plus aller dans les églises qu'il ne fût environné d'une foule de peuple qui semblait ne pouvoir se rassasier de le voir ; la plupart des princes étrangers faisaient venir son portrait : personne n'avait peut-être jamais joui d'une réputation si pure et si étendue, et il ne tenait qu'à lui d'accroître encore sa gloire en continuant de commander les armées. Mais, au contraire, il souhaitait fort alors qu'on eût bien voulu l'en dispenser : son âge déjà avancé le pressait fortement de se dégager de toutes les affaires du monde, pour passer le reste de ses jours dans la retraite. » Cependant, le roi le décida à accepter encore le commandement de l'armée qui devait agir, cette année-là, du côté de l'Allemagne (11 mai). Schélestadt fut le rendez-vous qu'il marqua aux troupes, et il s'en retourna pour se mettre à leur tête aussitôt qu'elles y furent rassemblées.

Ses triomphes répétés avaient fait perdre aux divers

corps de l'armée impériale leur confiance en leurs chefs, et la terreur était répandue dans toutes leurs troupes. Pour les rassurer, l'Empereur investit du commandement le comte de Montecuculli, qui n'avait point voulu combattre au milieu d'eux l'année précédente pour ne point obéir à l'Électeur de Brandebourg, dont le rang était supérieur au sien. Il y avait près de cinquante ans que cet Italien faisait la guerre, et on le regardait avec raison comme un général consommé dans son art. Montecuculli était seul digne d'être opposé à Turenne, l'un et l'autre ayant deviné à force de génie « la mathématique sublime de la tactique moderne », comme dit Henri Martin. Il tira ses troupes de leurs quartiers d'hiver beaucoup plus tôt qu'on n'avait coutume de le faire en Allemagne, espérant passer dans la haute Alsace en nous prévenant du côté du Rhin; mais, voyant que nous y étions arrivés aussi vite que lui et n'osant entreprendre de jeter un pont sur le fleuve en notre présence, il marcha du côté du fort de Khel pour tâcher de le traverser à Strasbourg. Mais Turenne s'approcha également de la place, de sorte que les magistrats, tenus en respect par son voisinage, observèrent strictement la neutralité. Montecuculli, persuadé qu'il devait à cela seulement le refus des Strasbourgeois, entreprit de nous éloigner; dans ce but, il feignit d'abandonner son projet et d'aller assiéger Philipsbourg. Ruse inutile, car Turenne, jugeant les desseins de son adversaire non sur ses actes apparents, mais sur ce qu'il avait intérêt à accomplir, ne bougea pas de sa position. Alors Montecuculli passa le Rhin au-dessous de Spire, pour faire croire qu'il voulait entrer maintenant dans la basse Alsace et attirer les Français sur ce point. Turenne ne prit pas davantage le change; mais le grand éloignement des Impériaux lui donnant à lui-même le temps de franchir le fleuve, il fit promptement descendre des bateaux de Brisach et opéra son passage en face d'Ottenheim, à une lieue au-dessous de Rhinaw. Le comte, comprenant qu'il était joué, repassa lui-même le fleuve pour courir à la défense du territoire impérial envahi; il s'efforça de gagner Willstedt, sur la Kinzig, d'où il eût pu nous ôter la communication de Strasbourg. Turenne y arriva auparavant, se saisit de ce poste, y mit la droite de son armée, en étendit la gauche jusqu'au fort de Khel; et ce fut lui qui coupa à l'ennemi cette communication qu'il espérait nous enlever. Montecuculli se trouva ainsi très embarrassé; il lui fallait nous contraindre à repasser le Rhin, ou nous battre.

Le maréchal n'avait sous la main que 20,000 hommes, ayant été obligé de laisser une partie de ses troupes à Ottenheim pour garder son pont; néanmoins, comme pour aller à lui il fallait passer la Kinzig, dont il s'était couvert, Montecuculli n'osa entreprendre de le faire. Il résolut de nous faire abandonner Willstedt; dans ce but, il fit marcher son armée le long des montagnes de la Forêt-Noire et gagna l'abbaye de Schuttern, qui n'est qu'à une lieue d'Ottenheim.

Mais Turenne, toujours prêt à l'escorter, laissa un détachement suffisant à Willstedt et mena le reste de son armée sur Ottenheim, où il arriva le premier. Montecuculli essaya alors divers mouvements pour nous inquiéter, tantôt vers notre pont, tantôt du côté de celui de Strasbourg; tant de feintes ne servirent à rien, car le maréchal, ayant fait ouvrir les défilés et les bois depuis Ottenheim jusqu'à Willstedt pour faire passer avec plus de facilité ses troupes, suivit si à propos les mouvements de l'ennemi qu'il se trouva partout où les Impériaux voulurent entreprendre quelque chose et défendit si bien la tête des deux ponts qu'ils ne purent se rendre maîtres ni de l'un ni de l'autre. Pendant tout le temps que persista cette étrange situation, il ne se passa presque point de jour où il n'y eût quelque rencontre entre les partis des deux armées; mais ce n'étaient que des escarmouches légères, car, bien que Turenne et Montecuculli s'observassent mutuellement avec grand soin, attendant tous les deux que l'un ou l'autre fît quelque fausse démarche pour en profiter, et quoiqu'ils tentassent toutes choses à l'envi pour faire naître quelque circonstance favorable à une attaque générale, jamais ils n'en purent trouver l'occasion.

Toute l'Europe était attentive à ce duel extraordinaire qui allait, sans doute, décider des intérêts de la France et de ceux de l'Allemagne. Qui donc l'emporterait enfin de ces deux illustres capitaines, dont l'expérience sans rivale mettait en pratique tout ce qu'un long usage leur avait appris de la guerre? Dans leurs multiples mouvements, vrais ou feints, on les vit épuiser toutes les finesses et toutes les ruses pour s'affamer, se couper les fourrages, se surprendre, gagner quelque avantage l'un sur l'autre, sans quoi ils étaient résolus chacun à ne point risquer de combat. Les ennemis eux-mêmes ne pouvaient comprendre comment Turenne pouvait, avec vingt mille hommes seulement, tellement garnir de troupes tout l'espace compris entre Ottenheim et Willstedt, qui est de quatre grandes lieues, ni qu'il se trouvât toujours à portée de défendre son pont et celui de Strasbourg, dès qu'ils paraissaient vers l'un ou vers l'autre. La vérité est qu'il était forcé de se donner une grande fatigue pour cela, et que ses troupes devaient être sans cesse en marche et en action. A la fin, pour diminuer sa peine, il s'avisa de démonter son pont derrière son armée, sans que l'ennemi s'en aperçût, et de le faire descendre d'Ottenheim à Altenheim, c'est-à-dire deux lieues plus bas et plus près de Strasbourg; resserrant alors son armée, il n'eut plus que deux lieues de pays à garder, depuis Altenheim, où il disposa sa droite, jusqu'à Willstedt, où il avait sa gauche. Tous leurs plans échouant ainsi successivement, les Impériaux se trouvèrent fort embarrassés. Ils avaient absorbé toutes les ressources des petites villes impériales des environs et ne pouvaient plus tirer de vivres que de la Souabe, par la vallée de la Kinzig, chemin très long et très difficile, pendant que tout venait en abondance dans notre armée d'Alsace, par notre pont, et de Brisach, par le Rhin. Ils ne pouvaient s'étendre ni à droite ni à gauche, étant resserrés d'un côté par le fleuve et de l'autre par les montagnes. Ils auraient bien voulu marcher en avant du

côté de Fribourg, où il y avait de grands magasins; mais
c'eût été prêter le flanc à Turenne. D'autre part, retourner
en arrière, ils ne le pouvaient avec honneur. Pourtant,
comme ce parti était le plus sûr, ils s'y déterminèrent. Quittant donc l'abbaye de Schuttern (26 juin), Montecuculli rétrograda, repassa la Kinzig à Offenbourg et campa près
de cette ville.

Turenne se remit aussitôt à sa poursuite, de telle sorte
que les Impériaux reculèrent d'Offenbourg à Urlaff, puis
de là à Reuchen, à quatre lieues au-dessous de Strasbourg.
Le général les en chassa encore, et aussi d'Acheren, dont
il s'empara. Étant arrivé sur les hauteurs du village de
Saltzbach, qui est à une demi-lieue de cette dernière ville,
il découvrit toute l'armée impériale, de laquelle il n'était
plus séparé que par un petit ruisseau (27 juillet). Il avait
beaucoup moins de troupes que ses adversaires. Cependant,
dant, ayant résolu de leur livrer bataille, il marcha sur eux;
il fit dresser des batteries sur les hauteurs dont il s'était
saisi, visita tous les postes, se transporta sur l'éminence
la plus élevée pour reconnaître encore mieux les dispositions du terrain, et tout lui parut de si heureuse venue que,
quoique jamais il n'eût rien fait connaître de ce qu'il se
promettait d'avantageux la veille d'un combat, il ne put
s'empêcher, cette fois, de dire ce qu'il pensait de l'issue
favorable de la lutte. Il se voyait, enfin, prêt à recueillir le
fruit d'une si pénible campagne. A ce moment, l'ennemi
ayant fait tirer une volée de canon vers l'endroit où il se
tenait, un boulet l'atteignit en pleine poitrine et le renversa
mort. Ce même coup emporta un bras au lieutenant-général de Saint-Hilaire. Comme ses deux enfants se précipi-
taient en larmes auprès de lui : « Ce n'est pas moi, leur
« dit-il, qu'il faut pleurer; c'est ce grand homme, c'est la
« perte irréparable que la France vient de faire. » On ne
put cacher longtemps aux troupes ce terrible événement.
La consternation de l'armée fut telle qu'on n'entendit de
toutes parts que ce cri : « Nous avons perdu notre Père!
« nous sommes perdus! » Sa démoralisation augmentant

d'heure en heure, il fallut lui faire repasser le Rhin ; ce qui fut exécuté après un sanglant combat.

Si l'armée entière pleura Turenne, tout le peuple de France le pleura également. Le rancuneux Louvois fut le seul qui ne le regretta pas ; la voix publique l'accusa même, lui et son frère, l'archevêque de Reims, de s'être réjouis indécemment de la mort de l'illustre maréchal. Louis XIV ne se montra point ingrat, et lui fit rendre des honneurs royaux. Il ordonna, en effet, qu'on l'enterrât dans l'abbaye de Saint-Denis, comme jadis le connétable Du Guesclin, « au-dessus duquel, remarque encore Voltaire, l'opinion générale l'élève autant que le siècle de Turenne est supérieur au siècle du connétable ». Tous les deux, à trois cents ans de distance, avaient sauvé leur pays, non par les mêmes moyens peut-être, mais avec le même patriotisme : il était juste que leurs glorieux restes fussent réunis dans une enceinte commune. Ses funérailles, qui attirèrent une énorme affluence de peuple, furent à la fois somptueuses et touchantes. Le roi ordonna, en outre, qu'on célébrât à son intention une seconde cérémonie à Notre-Dame de Paris, où tout le haut Clergé de France, le Parlement, l'Université et les différents corps de la Ville assistèrent ; l'oraison funèbre fut prononcée par l'évêque de Lombez : mais les plus célèbres prédicateurs, comme Fléchier et Mascaron, ne crurent pas pouvoir se dispenser de lui rendre le même hommage en plusieurs autres endroits. Au reste, il ne se prononça pendant toute l'année aucun discours, ni à l'ouverture des Parlements, ni à celle des Académies et des Universités, ni en aucune autre sorte d'occasion solennelle, que l'on n'y fît l'éloge de ce grand homme et que l'on n'y déplorât sa perte. Rien ne prouve mieux l'unanimité des regrets que sa mort inspira.

X

QUELQUES TRAITS DE LA VIE DE TURENNE

Il nous semble que la biographie de cet illustre homme de guerre, qui fut en même temps un grand homme de bien, ne serait pas complète si nous n'y joignions pas ici quelques traits caractéristiques empruntés aux diverses circonstances de sa vie et qui feront ressortir encore les hautes qualités dont il fut doué, qualités rares dans tous les temps, plus rares, surtout à son époque, qui ne se piquait ni d'une excessive loyauté ni d'une moralité raffinée. La haute personnalité de Turenne ne saurait trop être mise en relief, car sa figure apparaît particulièrement sympathique et pure dans ce xviie siècle si brillant, mais si corrompu. Jusqu'à présent, nous croyons qu'on l'a tenue un peu dans l'ombre, qu'on ne s'arrête pas assez devant elle avec l'attention qui lui est due : il serait injuste que l'éclat de ses autres contemporains la reléguât au second plan, quand elle mérite qu'on la place au premier.

Son désintéressement et sa générosité étaient d'autant plus louables que l'amour de l'argent fut, au dire des Mémoires du temps, le vice dominant de son siècle. Les traits de cette double vertu abondent chez Turenne. Quand il guerroyait dans le comté de La Mark, en Allemagne, un officier général vint lui proposer de lui faire gagner cent mille écus en quinze jours par le moyen des contributions, et cela d'une manière que la cour n'en aurait aucune connaissance. Le maréchal répondit qu'il était bien obligé de cet avis, mais que, après avoir trouvé déjà beaucoup de ces sortes d'occasions dont il n'avait jamais profité, il ne trouvait pas que ce fût la peine de changer de conduite à son âge. A côté de cela, il ne renvoyait jamais ceux qui venaient lui demander sans leur donner. Quand il n'avait plus d'argent sur lui, il en empruntait au premier officier qu'il trouvait sous sa main et lui disait d'aller se le faire rendre par son intendant. Un jour, cet intendant vint l'avertir qu'il soupçonnait certaines gens de réclamer ainsi ce qu'ils n'avaient point prêté, et qu'il serait bon qu'il donnât à chacun une reconnaissance de ses emprunts. « Non, non, répondit Turenne, car il n'est pas possible « qu'un homme vous aille redemander une somme d'ar- « gent qu'il ne me l'ait prêtée, ou qu'il ne soit dans un « extrême besoin. S'il me l'a prêtée, il faut bien la lui ren- « dre; s'il est dans un si grand besoin, il est juste de « l'assister. » Du reste, il était ingénieux à trouver des moyens d'épargner à ceux auxquels il donnait la honte de recevoir du secours dans leur indigence; il ne leur donnait qu'avec une espèce de pudeur, et il semblait qu'il voulût prendre toute la confusion pour lui. Il était encore fort jeune lorsque, ayant vu qu'un gentilhomme était devenu pauvre pour avoir dépensé tout son bien à l'armée, il s'avisa de troquer des chevaux avec lui et de lui en donner d'excellents pour de très médiocres, feignant de ne pas s'y connaître. Un jour, ayant touché beaucoup d'argent d'une charge dont la cour lui avait permis de disposer, il assembla cinq ou six colonels dont les régiments étaient assez délabrés, et, leur laissant croire que cet argent venait pour eux du roi, il le leur distribua à proportion de leurs besoins. Une autre fois, entendant un officier se plaindre d'avoir eu deux chevaux tués à une affaire et d'être ruiné par cet accident, il le mena à son écurie, lui donna deux de ses meilleurs chevaux et lui recommanda fortement de n'en parler à personne : « De peur, lui dit-il, qu'il n'en « vienne d'autres, car je n'ai pas le moyen d'en donner à

« tout le monde, » voulant ainsi cacher le mérite de cette action sous un prétexte d'économie : car autant il aimait à donner, autant il craignait qu'on ne divulguât le bien fait par lui. Quatre jours avant sa mort, il avait donné quatorze mille livres aux Anglais qui servaient dans son armée, dont il en avait emprunté six mille sur son crédit à Strasbourg ; et l'on ne trouva après sa mort que cinq cents écus dans sa cassette. On pourrait rapporter bien d'autres exemples de sa générosité : il suffit de dire que, après avoir commandé les armées pendant plus de vingt ans, il laissa moins de bien en mourant qu'il n'en avait eu de sa maison, où il n'était pourtant que cadet.

Le soin qu'il prenait de la fortune de ses officiers et son humanité envers ses soldats lui avaient gagné le cœur des gens de guerre. Loin d'imputer les événements fâcheux au défaut de conduite des officiers qu'il employait, il était le premier à les excuser. Si quelqu'un avait été battu en parti, il prenait soin de le consoler lui-même et de lui relever le courage ; il lui donnait de nouvelles troupes, et en plus grand nombre, afin qu'il eût sa revanche, et continuait à le renvoyer toujours en expédition jusqu'à ce qu'il eût remporté quelque avantage. Il arriva même plusieurs fois que, ayant reçu de la cour des ordres positifs de casser des capitaines dont les compagnies n'étaient pas complètes, il prit sur lui d'en suspendre l'exécution, et sut ainsi les conserver en leur donnant le temps de rétablir leurs cadres. Ayant appris que le maréchal de Luxembourg avait fait condamner à une mort infamante le malheureux Du Port, pour avoir rendu Naerden dont il était le gouverneur, et cependant malgré sa faute un officier fort brave, il obtint du roi une commutation, en vertu de laquelle l'infortuné gouverneur aurait la permission d'aller se jeter dans Grave, où il expia par une mort glorieuse l'erreur par lui commise à Naerden. Sa grande influence ne pouvait pas s'exercer plus humainement ni plus utilement, car il vaut mieux souvent fournir l'occasion de réparer une défaillance que de la réprimer sans profit. Il prenait soin également de l'avancement de tous ses compagnons d'armes, depuis le plus élevé en grade jusqu'au plus humble; il faisait valoir leurs services à la cour, et il leur faisait donner à chacun des charges et des emplois suivant leur capacité et leur mérite. Aussi officiers et soldats ressentaient-ils pour lui un attachement allant jusqu'au fanatisme. C'est ainsi que Mazel, qui passait pour un des meilleurs officiers du royaume et qui l'était réellement, se voyant prêt à mourir en Allemagne, demanda, pour toute grâce, qu'on l'enterrât au même endroit où Turenne avait été tué. « Il se trouve encore aujourd'hui parmi nous, raconte Raguenet, de vieux officiers devant qui on ne saurait parler du vicomte de Turenne qu'ils ne versent aussitôt des larmes; et j'en ai vu qui, voulant me raconter les bontés qu'il avait eues pour eux, en étaient encore si vivement pénétrés que, la douleur leur coupant la voix et les saisissant jusqu'à les faire sangloter, ils ne pouvaient achever leur récit. » On ne trouverait pas d'autres cas d'un pareil enthousiasme ou plutôt, écrivons hardiment ce mot, d'une pareille adoration des soldats pour leur chef que celui de Du Guesclin, au xive siècle, et celui de Bonaparte, au commencement du siècle actuel, qui surent, eux aussi, pousser l'admiration et la foi absolue de leurs troupes jusqu'aux dernières limites d'une exaltation presque religieuse.

La bonne foi de Turenne était également si bien établie non seulement en France, mais encore chez nos voisins, que la plupart des princes d'Allemagne traitaient avec lui personnellement de leurs intérêts, sans demander aucune garantie de ce qu'il leur promettait, et que les Républiques même les plus soupçonneuses se croyaient en entière sûreté dès qu'il leur avait engagé sa parole. Quand il fallut résoudre dans le Conseil du Portugal si on le mettrait à la tête des troupes de la maison de Bragance, comme il avait paru utile de le faire quand on prépara le soulèvement contre les Espagnols, il n'avait aucune caution à donner aux Portugais pour garantie de l'armée qu'ils voulaient lui confier; cependant, comme ils connaissaient la probité de son caractère, ils n'hésitèrent pas à lui en remettre la direction. Ce fut encore lui qui répondit pour Schomberg, quand cet officier général fut, sur sa proposition, choisi pour conduire le mouvement. Un jour qu'il était dans la Souabe, ayant fait approcher son armée du lac de Constance pour mettre à contribution quelques terres de la maison d'Autriche, les Suisses, qui pouvaient craindre que, sous prétexte de porter la guerre dans le pays de l'Empereur, on n'entrât dans le leur à l'improviste, lui envoyèrent des députés pour lui dire qu'ils avaient tant de confiance en sa bonne foi qu'ils ne feraient aucunes levées de troupes s'il voulait les assurer qu'il ne viendrait point chez eux; qu'ils prendraient de plus grandes précautions avec un autre, mais qu'avec lui ils se contentaient de sa parole. « J'ai vu, rapporté encore Raguenet, des lettres de nos ambassadeurs en Angleterre par lesquelles ils mandent qu'ils se sont souvent servis de son nom pour faire réussir les affaires qu'ils avaient à négocier à la cour de Londres. Et j'en ai lu quelques autres des plénipotentiaires de France qui écrivaient que tout ce qu'ils peuvent dire aux princes d'Allemagne ne les rassure point, et qu'ils n'ont confiance qu'au vicomte de Turenne. » Son intégrité et sa sagesse étaient si généralement reconnues même dans les pays étrangers que les princes de Montbéliard, ayant disputé entre eux à qui posséderait la plus importante terre de leur Souveraineté, se soumirent au jugement qu'ils le prièrent de rendre pour terminer leur différend, et que beaucoup d'autres princes, surtout de l'Allemagne, le choisissaient pour arbitre dans la plupart des contestations survenant entre eux. Le choix d'un adversaire, en pareil cas, est suffisamment significatif.

De toutes ces vertus, sa modestie était peut-être celle qui frappait le plus. Quand on lit dans les *Mémoires* qu'il a rédigés la mention faite par lui de ces grandes actions qui étonnèrent toute l'Europe, on est frappé de la concision avec laquelle il les relate; il semble que ce

soient les événements les plus simples, les plus communs,
et qu'il n'y ait eu presque aucune part. Deux exemples
suffiront à cette démonstration. En 1656, à l'occasion de
ce fameux campement auprès du Quesnoy où, après la
levée du siège de Valenciennes, il arrêta l'ennemi victorieux, le ministre Le Tellier lui écrivit : « Par votre pru-
« dence, Monseigneur, et par une conduite vigoureuse, vous
« avez rétabli la réputation des armes du Roi. En vérité, il
« n'y a rien de plus beau que votre campement proche du
« Quesnoy, après la déroute de Valenciennes, d'avoir ainsi
« fait tête aux ennemis, fort orgueilleux dans leur pays,
« etc. » Or, voici comment Turenne en parle lui-même :
« L'armée des ennemis est venue tout proche d'ici. Ils y
ont demeuré deux jours, et après ont marché vers Condé.
Au Quesnoy, le 24 juillet 1656. » Nous avons vu, de même,
qu'il sauva la cour à Jargeau, en 1652, et que la reine-mère
le reconnut publiquement en propres termes. Voici encore
de quelle façon il s'en exprime lui-même : « Il s'est passé
quelque chose à Jargeau qui n'est pas de grande considé-
ration. A Jully, le 30 mars 1652. » Y a-t-il quelque exemple
d'une pareille modestie dans les Mémoires ou dans les
Lettres des autres hommes de guerre, toujours prêts à
l'exagération ou à la réticence ?

Sa délicatesse de conscience n'est pas moins à noter.
Quelque bien que possèdent les gens de guerre, il en était
peu alors qui ne fussent obligés d'emprunter de l'argent
quand il fallait entrer en campagne. Lorsque Turenne
était sur le point d'y aller, beaucoup d'individus venaient
lui offrir de très grosses sommes : mais, quoique parfois il
pût en avoir besoin, il n'en voulut jamais accepter, dans
la crainte que les prêteurs perdissent ce qu'ils lui auraient
avancé s'il fût mort pendant la campagne. Son désintéressement allait plus loin, et ni le laisser-aller des mœurs
militaires ni le contact des courtisans n'en purent altérer
l'exquise pureté. Un jour qu'il était en marche en pays
ennemi, les habitants d'une grosse ville lui envoyèrent
offrir cent mille écus pour qu'il se détournât de son che-

min et ne fît point passer ses troupes dans la place.
« Comme votre ville, répondit-il à leurs députés, n'est pas
« sur la route par où j'ai destiné de faire marcher mes
« troupes, je ne puis accepter l'argent que vous m'offrez. »
Les députés demeurèrent stupéfaits, et leur étonnement
était fort naturel. On pourrait multiplier les traits de cette
sorte.

«Les ennemis, constate à ce propos son consciencieux
biographe, eurent toujours pour lui une vénération pleine
de tendresse : ils le pleurèrent à sa mort autant que les
Français eux-mêmes, et les Allemands n'ont jamais voulu
labourer l'endroit où il a été tué, comme si l'impression
de son corps avait rendu cet endroit sacré. Il est encore
en friche (1741, date à laquelle l'auteur publia son livre),
et les paysans le montrent à tout le monde, aussi bien
qu'un arbre fort vieux qui est là aùprès et qu'ils n'ont
point voulu couper. Aussi avait-il toujours épargné le
pays ennemi autant qu'il l'avait pu, conservant les fruits
de la terre pour les gens de la campagne dont il plaignait
la triste destinée, et il n'en avait pas moins bien fait le
service du roi, comme on l'a pu voir dans toute la suite
de son Histoire. »

Il n'est pas surprenant que la France entière ait pleuré
un homme réunissant un tel ensemble des plus rares
vertus. Le même historien nous fournit encore un détail
émouvant à propos de la translation de son corps à Saint-
Denis. «Ces sortes de cérémonies, dit-il, toujours tristes
d'elles-mêmes, n'avaient jamais rien eu de si lugubre que
celle-ci. Les peuples venaient de tous les environs sur le
chemin par où le corps devait passer, et ne pouvaient le
voir sans répandre des larmes. Les habitants de la campagne sortaient des bourgs et des villages pour le recevoir : le Clergé allait au-devant de ville en ville ; les bourgeois de celle de Langres, où il passa, prirent tous le deuil
à son arrivée et firent une dépense considérable pour lui
rendre des honneurs extraordinaires, et cela sans avoir reçu
aucun ordre de la cour, tant la mémoire du vicomte de

Turenne était chère à des gens même qui ne l'avaient peut-être jamais vu ». La spontanéité des regrets faisait oublier la détresse du pays.

Telles furent les qualités morales de cet éminent capitaine, l'honneur et le modèle de tous les hommes de guerre de son siècle, sans en excepter aucun, même Catinat, même Fabert, même Vauban, que Louis XIV ne put jamais remplacer, et qui mourut à temps pour ne pas voir la France déchoir. Nous avons rapporté ailleurs ses qualités privées, qui ne furent pas moins remarquables. On reconnaîtra, maintenant, avec nous qu'une pareille physionomie méritait bien une Étude spéciale et avait sa place tout indiquée parmi nos Illustrations Patriotiques.

FIN

TABLE

Paris. — Imp. PAUL DUPONT, 4, rue du Bouloi, (Cl). 200.2.89.